AF405472

Cinco aproximaciones heterodoxas al personalismo: Kierkegaard, Buber, Levinas, Cohen y Marcel

José Luis Evangelista

COLECCIÓN
ARTÍFICES 5

INFINITA

Colección Artífices

Comité editorial

Mauricio Beuchot Puente / Enrique Luján Salazar /
Juan Carlos Moreno Romo / José Antonio Arvizu Valencia /
Enrique Rodríguez Bárcenas / Juan Granados Valdéz

Cinco aproximaciones heterodoxas al personalismo:
Kierkegaard, Buber, Levinas, Cohen y Marcel
Primera edición, INFINITA, febrero de 2020
Segunda edición, AMAZON, febrero de 2021

ISBN 9798708088253

CONTENIDO

Presentación, 7

Figuras, 9

1. Kierkegaard. Una aproximación
    con tinte personalista, 13
2. Plenitud de la relación como rescate de la persona.
    Aproximación al Yo-Tú como principio
    de la relación en Martin Buber, 43
3. Contra la mediatización del otro en la conciencia.
    Una aproximación a la propuesta levinasiana, 69
4. Apuntes sobre la fuente judía en el personalismo, 95
5. El concepto de correlación en Hermann Cohen.
    Apuntes sobre autores olvidados
    por la propuesta dialógica, 119
6. Gabriel Marcel. Introducción al misterio, 141

El autor, 175

Nota editorial

En 2015 un grupo de profesores iniciaron un diplomado para el Seminario Conciliar de Querétaro, adscrito a la Universidad Vasco de Quiroga, denominado "El Personalismo. Origen y desarrollo de una filosofía de la persona". Estuvo dirigido a estudiantes y docentes de filosofía, así como a un público interesado en las humanidades. Nos propusimos una aproximación a los fundamentos del personalismo como filosofía de nuestro tiempo. Fueron muchos los filósofos revisados. A éstos se los repartió en cuatro módulos: precursores, relacionados, grandes maestros y otros filósofos personalistas. El trabajo colaborativo entre estudiantes y profesores permitió profundizar en las propuestas de pensamiento personalista. El libro que ahora se presenta, *Cinco aproximaciones heterodoxas al personalismo: Kierkegaard, Buber, Levinas, Cohen, Marcel* del Dr. José Luis Evangelista, es producto de aquel curso. El compromiso docente y filosófico del Prof. Evangelista está claro en esta reunión de textos engarzados en el marco de una filosofía para la que la persona es un concepto toral. Así como sus clases fueron provechosas en su momento durante del diplomado, ahora espero este libro sea útil a los lectores que se acerquen a él.

Dr. Juan Granados Valdéz

Imagen de portada
Mariposa de la muerte de Karlo Gutiérrez Terán,
fotografía digital, 2017

PRESENTACIÓN

Como docente, suelo trabajar en las áreas de metodología bajo la premisa "haz como yo digo, no como yo hago" (quien lea este trabajo podrá encontrar motivos al respecto). Sin embargo, recurro a esta mención con otros motivos. En clases, suelo comentar sobre la lectura realizada en humanidades y, en específico, en filosofía. A ello me dirijo como preámbulo de estas lecturas.

En los estudios profesionales es común y recomendada la atención a los conceptos. Así, tendemos a apreciar la comprensión de una obra en la medida en que somos capaces de comprender los conceptos que ahí se proponen. Es un elemento apropiado que debe atender quien se aproxima a un texto filosófico y académico en general, mas no el único, incluso si es en el cual acostumbramos centrar la docencia. No obstante, si centramos la docencia en la formación en investigación, interesa la capacidad de quienes participan, no sólo para detectar conceptos (rasgo indudablemente útil para aprender historia de la filosofía), sino para detectar las estructuras en las cuales nos son presentados (de suma importancia para ser capaces de generar investigaciones) y la intención de los autores (lo cual nos permite entrar en un diálogo real con las obras, sus interlocutores y los nuestros). Creo que en la conjunción de esos tres rasgos, sin desmeritar a otros, se cifra la posibilidad de transitar del aprendizaje de la historia de la filosofía al quehacer filosófico propio, sea cual sea el nivel en el que nos encontremos.

Por lo anterior, quisiera señalar la intención de esta pequeña obra y, a ser posible, las intenciones que recorren los textos que la conforman. Las bases de este trabajo surgen como resultado de un Diplomado sobre Personalismo llevado en Querétaro, México, y organizado por el doctor Juan Granados Valdéz a quien agradezco el considerarme para participar del mismo. En una primera invitación, se me permitió compartir algunas charlas sobre los autores aquí enunciados (con excepción de Hermann Cohen y lo relativo a la fuente judía del personalismo). Tras ellas, fue acordada la generación de un breve material de apoyo sobre los autores revisados, entonces fue integrado lo relativo a la fuente judía. Tales textos fueron la base para las versiones que aquí se incluyen.

A esa segunda invitación para la elaboración de textos siguió una tercera para considerar su publicación. Al presentarse esta última, trabajaba el texto de Hermann Cohen, aquí incluido, con miras a su concreción como un artículo. Después de aceptar la posibilidad de publicación, sugerí la incorporación del documento en desarrollo. Sin embargo, a estas alturas las notas de mi carácter me impusieron la revisión de los textos, próxima a una reelaboración en cuanto estilo, aunque fieles en contenido a los originales. Situación que aplazó su entrega.

He permanecido próximo a los contenidos originales con las deficiencias que seguramente guardan (expresión no por falsa modestia o cortesía, sino teniendo en miras la gesta, enfocada en realizar una presentación medianamente amena para quienes no se encuentran familiarizados con los autores o la filosofía misma), pues, como sucedió en las charlas, me interesa la presentación de los autores. Sí, se trata de una presentación con miras al personalismo, aunque al reunirlo fue notoria su tendencia al personalismo de corte dialógico más que a la línea personalista principal. En cualquier caso, el personalismo, sea dialógico o no, se da por hecho… ¡ya habría sido abordado por otros conferencistas! Aquí, por su parte, no ha sido posible recuperar una presentación del mismo. Esto, respecto de los primeros trabajos.

En el caso de Cohen, los apuntes se gestaban como un artículo que propusiera evaluar su posición como un antecedente del pensamiento del otro. Lo anterior, por fortuna, coincidente en el contenido con la línea de los otros pensadores y, en la forma, permitió su incorporación sin violentar demasiado aquel plan original.

El texto que abre el trabajo versa sobre el autor danés Søren Kierkegaard, uno de los primeros baluartes en el pensamiento del otro. Sin embargo, aproximarse a la lectura de Kierkegaard consiste más en leerse a sí mismo a través de su obra, que en leer a Kierkegaard mismo. Quien no ha logrado autocuestionarse a partir de los textos de Kierkegaard, me atrevo a decir, no ha leído o se ha negado a profundizar en sus obras. Por lo anterior, he intentado dotar de algunas pautas para aproximarse al danés. Se trata de tender la invitación a un autor cuya lectura es una invitación a leerse a sí mismo.

Los trabajos que le prosiguen intentan aproximar una o dos pautas de los autores referidos, de nuevo como una invitación a su lectura en la proximidad del personalismo. El trabajo sobre la fuente veterotestamentaria intenta poner de relieve la manera en que el judaísmo incide como fuente para presentar una alternativa a la filosofía griega, centrada en el ἀρχή, origen único de la realidad.

A su manera, cada trabajo es independiente, mas no hemos de olvidar la transversal que los recorre, de manera que sea el vínculo de los autores con el personalismo la invitación a la lectura de los mismos. Antes de finalizar estas breves líneas, quisiera reiterar mi agradecimiento a Juan Granados Valdéz, así como a su familia, por el apoyo y amistad que rodean el surgimiento de la presente obra. Sin más, tanto como se invita a leer a los autores y trabajos a los cuales aquí se remite, también sean estas líneas una invitación a la lectura de este libro en el cual me interesa, pues, lo que creo que debería ser el objetivo de toda presentación de un autor: la invitación a su lectura, en este caso, destinada a quienes guarden algún interés desde la vertiente del personalismo, el pensamiento del otro o por los autores mismos.

José L. Evangelista-Ávila

FIGURAS

Presento a continuación dos árboles del personalismo, preparados por Carlos Díaz, que serán continuamente referidos en este trabajo:

Figura 1. Figuras del personalismo. Carlos Díaz

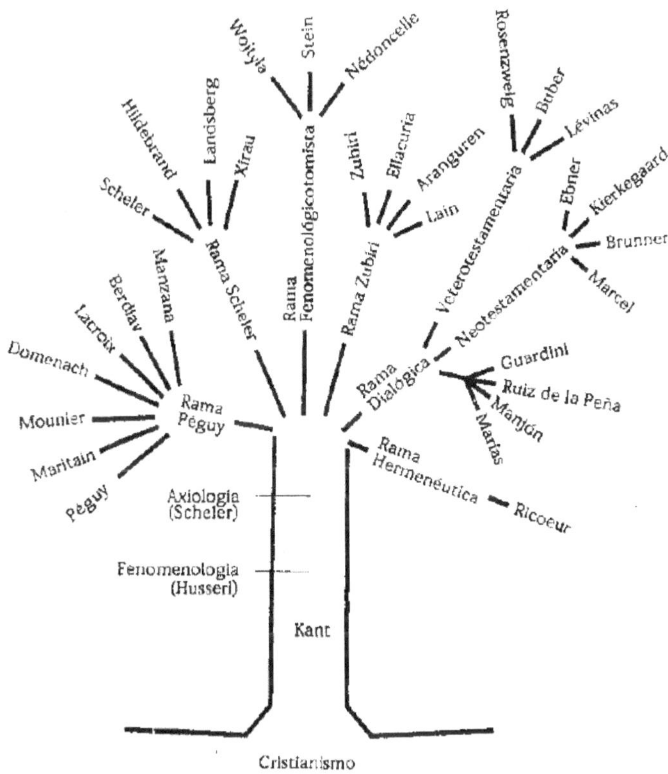

Disponible en:

www.personalismo.net/persona/sites/default/files/martinbuber.pdf

Figura 2. Árbol genealógico personalista. Carlos Díaz

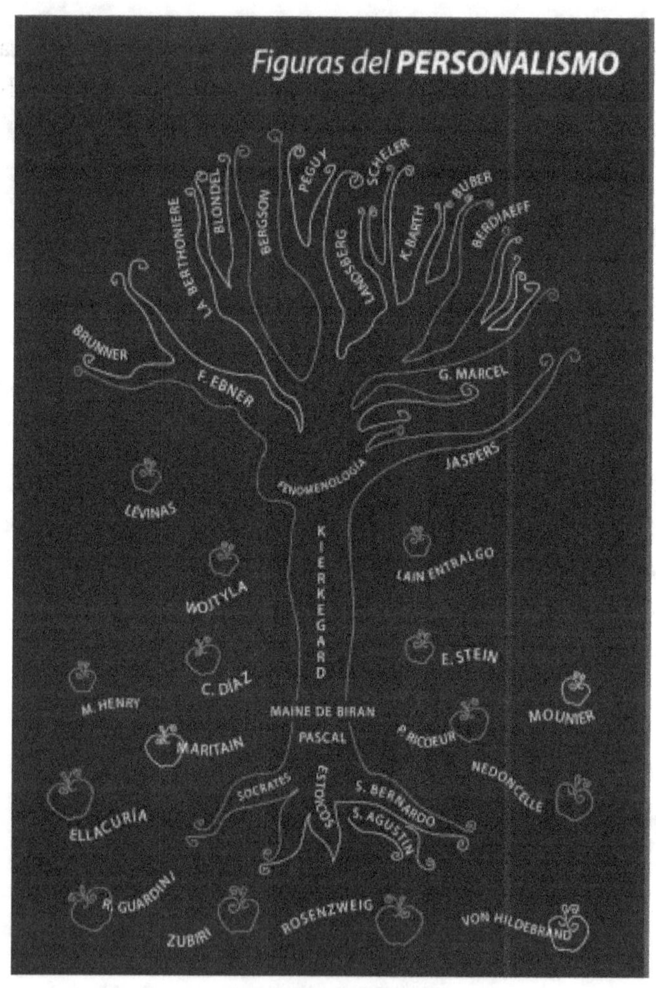

Recuperado de:
Díaz, Carlos. ¿Qué es el personalismo comunitario?
Fundación Emmanuel Mounier. 2002.

1. KIERKEGAARD. UNA APROXIMACIÓN CON TINTE PERSONALISTA

A continuación se brinda una aproximación sucinta al autor danés. Si bien se pretende un trabajo de corte introductorio que permita vincular una lectura antropológica con el personalismo, este proceso se hará con miras a la reflexión ética y, principalmente, una invitación a la lectura directa del mismo que ningún trabajo podría suplantar.

Al tratarse de una invitación a su lectura, se pondrán de relieve algunos apuntes que permitan herramientas para su lectura (y la de sus seudónimos), en tanto influencia del pensamiento personalista, consolidado en el siglo XX.

Para lograr lo anterior, se planteará una breve semblanza del autor, pues, en este caso, hay una importante incidencia de su vida en su pensamiento, sin concluir con esto que se pueda reducir éste a aquélla. Se procederá a un acercamiento a ciertos parámetros interpretativos que afiancen algunas notas para su lectura, elementos de su propuesta con miras a la reflexión ética y, finalmente, algunas notas para su aproximación al personalismo.

Semblanza

Søren Aabye Kierkegaard vivió del 5 de mayo de 1813 al 11 de noviembre de 1855 en Copenhague, Dinamarca, salvo algunas breves temporadas destinadas a viajes, por ejemplo, a Berlín, donde escuchó las clases dictadas por Schelling. Al encontrarse fuera de los centros filosóficos más reconocidos de la época, tal como nosotros en la actualidad, poseyó la desventaja del menosprecio de su pensamiento.[1] Por otra parte, como también suele suceder en nuestros espacios latinoamericanos, la periferia del pensamiento puede devenir en "franquicias" de autores reconocidos o, para fortuna de Kierkegaard, permitir el abordaje de varias tradiciones de pensamiento con las cuales mantiene un fructífero diálogo, no obstante haber pasado a la tradición como un "antihegeliano".

Siendo el menor de siete hijos, se caracterizó por un temperamento melancólico e introspectivo, el cual se reforzó por el deceso de cinco de sus hermanos y de su madre en el lapso de 1819 a 1834, así como por la férrea educación paterna que, bajo un cristianismo de la tradición luterana, podría caracterizarse como obsesiva. Tras una separación y reconciliación

---

[1] Esto puede observarse al considerar que su obra, fuera de Dinamarca, comenzó a ser tenida en cuenta hasta principios del siglo XX, mientras que los análisis de mayor seriedad y profundización (sin servir de pretexto para otros autores) surgen hasta finales del mismo siglo. Sin embargo, las primeras recepciones y traducciones siguen marcando una senda interpretativa cercana a otros propósitos.

de Søren Kierkegaard con su padre, Michael Pedersen Kierkegaard, éste le confesó al joven haber convivido antes del matrimonio con quien fuera su esposa y, de mayor impacto en la vida de ambos, haber maldecido a Dios cuando infante, por lo que, aunado a los decesos ya acontecidos, Michael Pedersen creía que su castigo sería ver la muerte de todos sus hijos. Sin embargo, le sobrevivieron tanto Søren como Peter, el menor y el mayor de sus retoños.

Kierkegaard padre murió en 1838, dejando gran influencia en Søren, como también la dejaron su noviazgo, compromiso y ruptura con Regina Olsen, y su relación de antagonismo con la Iglesia danesa y los medios locales, estos últimos al final de su vida. Aunque importantes, dichos eventos no deben reducir la propuesta del danés a una lectura interpretativa a la luz de los mismos.[2]

Parámetros interpretativos

La obra de Kierkegaard resulta de notable amplitud y se conforma de diversos tipos de escritos, que abarcan su obra seudónima y autógrafa. La primera suele ser más reconocida,

---

[2] Es importante considerar los apuntes de los diarios de Kierkegaard para evitar la reducción de su pensamiento a sucesos de su vida personal o proyecciones psicológicas y psicoanalíticas. Por ejemplo, la entrada conocida como "La carta de Gilleleie", del 1 de agosto de 1835, muestra las preocupaciones del danés incluso antes de conocer a Regina Olsen (Cfr. *Los primeros diarios. Volumen I. 1834-1837*, 79 ss./I A 75).

mientras que la segunda, conformada por sus diarios, trabajos de corte religioso, apuntes y estudios, tiende a quedar en segundo plano. Sin embargo, es en esta última donde se encuentran pautas importantes de su reflexión e, incluso, las notas que permiten la comprensión de la obra seudónima.

Esta primera distinción de sus obras, entre seudónimas y autógrafas, es de suma importancia para aproximarnos a su pensamiento. Cabe la analogía de Kierkegaard con algún periodo de la historia de la filosofía en que, unidos por temas, enfoques y formación, diversos autores reflexionan desde vías distintas, pero con importantes puntos de acercamiento y divergencia. Esto permite proximidad y distancia a los autores, confluencia, diálogo y diversas relaciones, de apoyo o secundamiento, pero también a la discusión y la oposición. En Kierkegaard, la diversidad de autores se convierte en una importante variedad de seudónimos, quienes, como sucede con los autores de una escuela o corriente filosófica, se vinculan por ejes temáticos y presupuestos, pero también presentan *contradicciones*, descalificaciones y una fuerte crítica, análisis y recuperación entre sí.[3]

---

[3] Por señalar dos ejemplos, Vigilius Haufniensis (*El concepto de la angustia*, 50-51, 56, 260, 264) remite a Constantin Constantius, autor de *La repetición*, mientras que Anti Climacus dedica un apartado del *Post scriptum no científico y definitivo a "Migajas filosóficas"* a reseñar a los autores contemporáneos, es decir, al resto de las obras de Kierkegaard, incluidas las de "El maestro Kierkegaard" en su "Apéndice. Ojeada a un esfuerzo contemporáneo en la literatura danesa" (251-298).

Por otra parte, cada firmante aparece como una existencia llevada a los límites por su reflexión y vida, esto supone que cada firmante ha interiorizado una verdad, la cual ha marcado el *pathos* de su existencia y obra, es decir, en cada obra su seudónimo nos presenta una verdad subjetiva a través de su reflexión. Al modo del Virgilio de Dante, los autores acompañan al lector para atravesar caminos en los cuales la existencia encalla.

Cada seudónimo guarda su distancia particular de Kierkegaard. Sin embargo, tanto Johannes Climacus como Anti Climacus son los más próximos a su propuesta, lo cual se refleja que la firma del "Sócrates del norte" (según lo llamó Urdánoz)[4] acompaña dichas obras en calidad de editor. Las obras autógrafas, además de los diarios y los análisis de lecturas, presentan diversas series de "Discursos edificantes". Éstos se publicaron en paralelo a las obras seudónimas, incluso algunas fueron publicadas el mismo día.

Las primeras recepciones del pensamiento kierkegaardiano no consideraron la distinción seudónima, por lo que todo era atribuido en igual medida a Kierkegaard, además, en estos primeros periodos sus obras autógrafas fueron despreciadas para su estudio al ser calificadas como "no filosóficas". Este descredito sobre el valor filosófico de su propuesta alcanzó también a los trabajos seudónimos, que fueron desplazados por

---

[4] Esto en *Historia de la filosofía V. Siglo XIX: Socialismo, materialismo y positivismo. Kierkegaard y Nietzsche*, 436.

su atención a diversas temáticas, poco usuales en la época, o por el empleo de estilos poco convencionales en la redacción filosófica de la época, a lo cual deben sumarse las traducciones fragmentarias o modificadas por los intentos de realzar aspectos que en su momento parecieron importantes.[5]

Como se ha indicado, hay temáticas importantes que permean el total de su obra y, como el mismo Kierkegaard señaló, son motivo de la misma: el individuo (que es él mismo y, como él, cada uno de los demás). En aspectos generales, hay un pensamiento antropológico que recorre la obra y del cual daremos algunos señalamientos más adelante, pues tal es el sostén de su propuesta. Antes de ello, hay dos indicaciones que se unifican a esa pregunta por el individuo y que permiten comprender su abordaje. Por una parte, señala en la entrada de su diario conocida como "La carta de Gilleleie":

Lo que necesito es ver con claridad qué debo hacer y no qué debo conocer, a no ser en la medida en la que el conocimiento debe preceder a cualquier acción. Se

---

[5] Dos ejemplos: *La enfermedad mortal* suele ser titulada como *Tratado de la desesperación*, esto al secundar una de las traducciones francesas realizadas durante el auge del existencialismo, razón por la cual parecía más pertinente un título de este tipo. El segundo, la traducción fragmentaria de diversas obras, en este caso centremos la atención en las múltiples ediciones y traducciones de "El diario de un seductor", en ellas ni siquiera se refiere el origen de la obra (parte de *O lo uno o lo otro*) y se atribuye directamente a Kierkegaard.

trata de entender mi destino, de ver lo que la divinidad quiere que haga. Lo que importa es encontrar un (*sic*) verdad que sea la verdad para mí, encontrar esa idea por la cual querer vivir y morir.[6]

Por otro, lo redactado en la introducción a *Mi punto de vista*:

El contenido de este pequeño libro afirma, pues, lo que realmente significo como escritor: que soy y he sido un escritor religioso, que la totalidad de mi trabajo como escritor se relaciona con el cristianismo, con el problema de "llegar a ser cristiano", con una polémica directa o indirecta contra la monstruosa ilusión que llamamos cristiandad, o contra la ilusión de que en un país como el nuestro todos somos cristianos.[7]

Ahora bien, es preciso señalar que para Kierkegaard sólo el individuo puede ser cristiano, de manera que hay cierta identidad entre ambos elementos. En este sentido la pregunta por el cristiano es la pregunta por el individuo: se llega a ser cristiano siendo individuo. Por lo que también afirmó en la obra

---

[6] Kierkegaard, S. *Los primeros diarios. Volumen I. 1834-1837*, 80.

[7] Kierkegaard, S. *Mi punto de vista* (27-28), y líneas más adelante en la misma obra "porque yo soy un escritor religioso" (28), así como en una de las partes finales: "mi misión era, como humilde criado [...], provocar, invitar si era posible, atraer a la mayoría a que pasará a través de este desfiladero de 'lo individual', a través del cual, sin embargo, nadie puede pasar in antes haberse convertido en individuo" (143).

ya referida: "yo era un escritor religioso y que como tal me importaba 'el individuo' ('el individuo', en oposición a 'el público'), pensamiento en el que está contenida toda una filosofía de la vida y del mundo".[8]

El rastreo del individuo da cuenta de su oposición, más que a Hegel, a lo general y a la supresión de lo propio de cada uno, a una época donde los medios de comunicación comienzan a adquirir notoria influencia en la configuración de una sociedad como público, a la Iglesia local y a la ilusión de la cristiandad, entre otras. Para ello, ahondará en la inconmensurabilidad de la interioridad individual de la mano de la fe y el amor como las más altas de las pasiones. En este sentido, retomará elementos del romanticismo y de Kant, de los que se apropiará tras una lectura crítica que le permitirá distancia de los mismos.

De los románticos y de Sócrates obtendrá una noción de la ironía que permeará toda su obra a través de una importante crítica social, a la vez que parece recuperar de Kant el análisis de las condiciones de posibilidad y, tal como en el filósofo de Königsberg, la modificación de la razón pura por elementos que la sobrepasan. En todos los casos, Kierkegaard remite sus consideraciones a la existencia del individuo, es decir, a las condiciones de posibilidad existenciales para el devenir del individuo y las modificaciones de la relación por el *pathos* existencial, ampliando así la pauta de reflexión kantiana.

---

[8] *Ibídem*, 42.

Hay dos figuras que recorren, explícita o implícitamente, la obra del danés y que se concretan en una disyuntiva: Sócrates o Jesús. Esta disyuntiva agrupa en el primero las posibilidades de la razón sola (y, así, del humano en soledad), en la inmanencia; mientras que con el segundo plantea una antropología vinculada con la trascendencia, inconmensurable con la mera razón, y cuya existencia ha de ser atravesada por la exigencia ética venida del amor al prójimo.

Un último dato para la aproximación a la lectura de sus obras seudónimas (signadas como obras de "comunicación indirecta" por algunos lectores de Kierkegaard): la principal guía hermenéutica se encuentra en el título de la obra y la firma que ostenta. Éstos nos dotan de un camino para adentrarnos en la lectura de cada trabajo y, llevados por el autor al final de este recorrido, nos confrontará con nosotros mismos en una disyuntiva existencial, un movimiento de los cimientos que nos descubrirán una disposición interna, donde se nos obliga a juzgar. Por ejemplo, en el caso de *Temor y temblor*, firmada por Johannes de Silentio, ha de considerarse el silencio de la razón ante lo inconmensurable de la fe y la imposibilidad de dar cuenta de ella una vez que parecen venirse abajo los parámetros de reflexión tradicionales, por lo cual queda el temor y temor bíblico como disposición del lector ante la superación de la razón.

De la mano de lo anterior, el lector encontrará que al leer a Kierkegaard no sólo lee a Kierkegaard o a sus seudónimos, sino que se lee en ellos que la angustia, el temor, el amor, la fe y otras tantas sacudidas lo son de la existencia propia y no de la teoría, no de Kierkegaard, no del seudónimo, sino propias. Ahí, precisamente, se cumple uno de los propósitos del danés:

> Al obligar a un hombre a darse cuenta logro también el propósito de obligarle a juzgar. Ahora está a punto de juzgar; pero lo que ahora juzga no está bajo mi control. Tal vez juzga en sentido totalmente opuesto de aquel que yo deseo. Además, el hecho de que se ha visto obligado a juzgar puede tal vez haberle amargado furiosamente contra la causa y contra mí.[9]

La reflexión kierkegaardiana

Si bien hay un gran cúmulo de temáticas en la obra kierkegaardiana, podemos postular cierta preeminencia por las enunciadas arriba: el devenir cristiano/individuo; el apropiamiento subjetivo de la verdad, encontrando en ella razones para vivir y morir; la confrontación del lector consigo mismo más que con el autor; y, con esto, ser obligado a juzgar sobre su existencia. Ello supone un análisis capaz de brindar las condiciones de posibilidad, reflexivas y existenciales, para llevar a cabo la confrontación, de modo que la

---

[9] Kierkegaard, S. *Mi punto de vista*, 57.

lectura de las obras del danés propone la generación de cierta disposición y estados de ánimo en el lector, práctica poco frecuente en la tradición filosófica.

La confrontación del lector consigo mismo no excluye las reflexiones filosóficas a partir de las cuales Kierkegaard logra dicho cometido. Junto con la confrontación del lector, los trabajos kierkegaardianos plantean un importante análisis y crítica de la tradición filosófica, especialmente la moderna, bien que suela centrarse en la oposición a Hegel; asimismo, presenta reflexiones sobre diversos temas todavía frecuentes en la reflexión filosófica, social y teológica; y, en última instancia, una teoría (todavía en debate) y práctica sobre las formas de comunicación escrita, esto es, una fundamentación, una vía y un ejemplo de comunicación filosófica, religiosa y existencial.

Por desgracia, éstos y otros aspectos suelen ser pasados de largo, por lo que nuestro autor generalmente permanece ubicado bajo los sesgos de sus primeras recepciones. Ahí se lo señala como un autor individualista, cuya obra se desenvuelve mediante la concatenación de aspectos, en muchas ocasiones decadentes, de la existencia humana, siempre vinculada con un cristianismo férreo y obsesivo, que encadena a cada humano a estados de tedio, angustia, desesperación, pecado, etcétera. Si bien se trata de temas abordados por nuestro autor, ha de eliminarse el tono decadentista, además de ubicarlos en un panorama más amplio.

Los conceptos kierkegaardianos deben comprenderse en su tono dialéctico (aunque no signados bajo una dialéctica de corte hegeliano). El seudónimo Anti Climacus escribió al inició de *La enfermedad mortal* sobre la doble cualidad de la desesperación (enfermedad y medicina), no obstante, el trabajo pareciera tender por notas más oscuras, pues ahí "la desesperación es considerada como una enfermedad, no como una medicina".[10] El carácter dialéctico recorre la reflexión del danés, de modo que en otros trabajos nos presentará la posibilidad de resguardo frente a la desesperación. En las de *Las obras del amor*, esta vez bajo la firma propia de Kierkegaard, plantea ese resguardo:

> *Solamente cuando amar sea un deber, solamente entonces estará el amor asegurado, por toda la eternidad, contra todo cambio; eternamente liberado en bienaventurada independencia; eterna y dichosamente protegido, por toda la eternidad, contra la desesperación.*[11]

---

[10] Kierkegaard, S. *La enfermedad mortal* (26) y en líneas siguientes realizó un símil con la muerte: "Porque en realidad la desesperación es algo muy dialéctico. Con ella ocurre como con la muerte, ya que ésta, en la terminología cristiana, también viene a significar la mayor miseria espiritual y, sin embargo, la curación está precisamente en morir, en morir a todas las cosas terrenas" (*ídem*).

[11] Kierkegaard, S. *Las obras del amor* (49) las cursivas proceden de la fuente.

Líneas más adelante plantea igual refugio respecto a la angustia, "*solamente cuando amar sea un deber, solamente entonces estará el amor eternamente asegurado*. Esta seguridad de la eternidad ahuyenta toda angustia y torna perfecto al amor".[12] Además del tono dialéctico, es preciso recordar cómo en lo referente a la angustia y la desesperación, éstas remiten a una constitución antropológica,[13] que no debe confundirse con los estados psicológicos en los cuales pueden manifestarse.

Además de una propuesta de corte más decadente, diversas recepciones lo han reducido a un pretexto del pensamiento de otros autores, un referente para la postulación de diversas ideas o aquél, desde el cual establecer un puerto para anclar sus posturas. Aun cuando esto da cuenta de la amplitud de su pensamiento, en igual medida lo ha sujetado a adherencias o percepciones ajenas a su reflexión. Si bien no escaparemos del todo a referirlo a ciertos trazos de la historia de la filosofía por la naturaleza misma de esta introducción (pensada desde las coordenadas de algunos elementos personalistas),

---

[12] *Ibídem*, 53.

[13] Puede verse el caso de *El concepto de la angustia*, donde indicó: "el hombre no podría angustiarse si fuese una bestia o un ángel. Pero es una síntesis, y por eso puede angustiarse" (269); en esta síntesis, al modo de una tensión entre diversos rasgos (lo finito y lo infinito; lo temporal y lo eterno; y, libertad y necesidad, por mencionar tres), es propia de lo humano y donde emergen la angustia y la desesperación, antes que en notas anímicas que, cabría considerar, también son propias de la psicología humana.

confesar el aspecto personalista permite configurar este texto y liberar la obra kierkegaardiana para aquello que pueda expresar por sí misma.

Delimitados los alcances de las líneas siguientes, postularé algunas líneas donde converge la propuesta del Sócrates del norte con rasgos propicios para su vínculo con el posterior pensamiento personalista, éstos son: la inconmensurabilidad de la existencia y su *pathos*, la transición del valor de la persona a la existencia como centro de la filosofía, su propuesta antropológica, la reflexión de la relación y su propuesta ética.

La inconmensurabilidad de la existencia y su *pathos*

Kierkegaard realza el *pathos*, la pasión de la existencia, durante toda su obra autógrafa y seudónima. En *Temor y temblor* encontramos unas líneas que nos brindan una idea de lo que comprende como *pathos*, se trata de un "interés en el cual un individuo determinado haya concentrado toda la realidad fáctica",[14] es decir, toda su existencia y la comprensión del mundo. Las formas en que pueda concentrarse esta pasión son las que conforman la apropiación de diversas actitudes existenciales y la interiorización de ciertas verdades. En este sentido, la pasión va de la mano de la verdad subjetiva, es decir, no se trata de una verdad de carácter meramente conceptual o un subjetivismo radical, como se ha propuesto por diversos

---

[14] Kierkegaard, S. *Temor y temblor*, 622.

26

autores, sino de la apropiación de contenidos específicos, de manera que posean una significación profunda en la vida de los individuos, marcando pautas de acción y no sólo teóricas. No es de extrañar que una verdad subjetiva contravenga las exposiciones teóricas que brinde un sujeto como "su verdad".

La pasión se enraíza en lo más profundo del individuo y resulta inconmensurable con una formulación racional o una expresión a través de actividad alguna. En *Las obras del amor*, al proponer el amor como un don divino, Kierkegaard explicó la imposibilidad de alcanzar el lugar del cual brota; algo similar sucede con la fe, la cual, aunque permite cierta explicación desde la razón, es imposible de ser apropiada por esa misma explicación o por la razón (este es uno de los temas que recorren *Temor y temblor*). En ambos casos, amor y fe, y, al modo bíblico, restan las obras.

La imposibilidad de reducir a la razón los aspectos más profundos de la existencia, no debe identificarse con un irracionalismo, sino con elementos suprarracionales que pueden plantearse como una posibilidad desde lo racional, pero que, una vez alcanzados por la existencia toda, lo superan cualitativamente, tanto en amplitud (no se limitan a la razón) y profundidad (superan a la razón). En *Migajas filosóficas o un poco de filosofía*, por ejemplo, al abordar la pasión del pensamiento son expuestas las posibilidades de la razón sola. Sin embargo, también son desmenuzadas algunas posibilidades de una razón ante la revelación y, con ellas, ante la fe, así como la referencia a ciertas consecuencias en la existencia toda. Dicha obra aborda las fronteras de la razón al tiempo que plantea la posibilidad abierta a los individuos para ubicarse allende la sola razón mediante la revelación.

La pasión nos libra de la mediocridad, al concentrar en ella la existencia toda. Lo expresado por Johannes Climacus en la última obra, referido al pensador sin paradoja, es decir, dedicado al pensador sin la pasión del pensamiento, parece válido para la existencia toda: "el pensador sin paradoja es como el amante sin pasión: un mediocre modelo".[15] Empero, no se trata sólo de un rescate o un evitar la mediocridad, la pasión también es la posibilidad de la fe, pasión máxima, donde se cifra la mayor concreción de la persona y por lo cual la existencia se convierte en el eje de la propuesta filosófica del danés. La adhesión de los individuos y el problema de la verdad subjetiva, más que el de las verdades de la sola razón, ponen en juego la realización del individuo y la filosofía o su estancamiento en las aguas de lo general.

Del valor de la persona a la existencia como centro de la filosofía

Con Kant, a través del imperativo categórico, se alza el valor de la persona como fin en sí mismo, negando su uso como medio para cualesquiera otros fines. De igual modo, los alcances

---

[15] Kierkegaard, S. *Migajas filosóficas o un poco de filosofía*, 51.

de la razón pura son modificados, así como sus pautas, ante la necesidad de acción humana. En Kierkegaard, estos aspectos toman mayor realce, pues el *pathos* determina la razón y las formas de relación que pueda establecer un individuo. Incluso con independencia de los contenidos teóricos que alguien pueda predicar, su actuar o su testimonio pueden remitir a otros elementos. Respecto de este último punto, el danés rompe la identidad del pensar con el ser y, en el caso concreto de la existencia, proclama la ruptura entre lo interior y lo exterior. Sin estos parámetros, al individuo queda la consideración propia, su relación con Dios, el desengañarse y juzgar, es decir, de juzgarse (antes que juzgar a los otros) bajo la medida del amor.

En este desengañarse y juzgar puede centrarse buena parte de la invitación a leerse a sí mismo en Kierkegaard, antes que leer a Kierkegaard o sus seudónimos, pues hay en sus obras una constante puesta en duda de lo que uno pueda creer, no sólo en aspectos teóricos, sino en lo que el lector piensa que cree y hace. *Las obras del amor*, por ejemplo, expresa una comparación constante entre el amor al prójimo y nuestras concepciones mundanas del amor, siendo confrontado el pensar y el actuar del lector consigo mismo, para reflexionar, sí, sobre las obras del amor, pero también y especialmente sobre sí mismo y el actuar amoroso que suele atribuirse a sí mismo.

La inconmensurabilidad del *pathos* tiene como consecuencia la ruptura de la identidad entre ser y pensar, tanto como entre lo interior y lo exterior. Queda remitir el pensamiento filosófico a la existencia, al individuo, aunque no por ello se niega la importancia de otras formas de la filosofía o de la ciencia. El individuo concreto es la pauta en que concluyen los distintos pensares y es quien ha de tomar eminencia para el pensamiento, so pena de diluirlo entre esos pensares.

Rescatar al individuo es también rescatar otras formas de pensamiento y expresión, no sólo en sus contenidos, sino en su valor, en lo que de relevante puedan tener para la existencia; en caso contrario, se corre el riesgo de reducir a los individuos a los sistemas, ciencias o modas, o, según la expresión kierkegaardiana, a un público, a una masa. Una vez diluidos, los sujetos quedan adheridos a contenidos sin valor y, al identificarse con dichos contenidos, se identifican con esa ausencia de valor en un vaivén de mediocridad vacía y falta de relación, de vinculación y de subjetividad.

Propuesta antropológica

"Las consideraciones antropológicas de Kierkegaard tienen unidad en la diversidad de obras pseudónimas así como en las firmadas por él y en sus papeles".[16] La línea precedente, retomada de uno de los estudiosos de Kierkegaard en nuestro idioma, nos invita a la reflexión de la propuesta antropológica del danés. Los trabajos del filósofo de Copenhague nos remiten al concepto de síntesis, no obstante, esta síntesis no ha de

---

[16] Guerrero, L. *Kierkegaard: Los límites de la razón en la existencia humana*, 79.

considerarse a la forma hegeliana, sino desde una tensión entre diversos polos que no llegan a fundirse en un tercero, al contrario, es en esta tensión donde surge el tercero. De este modo, su propuesta antropológica resulta de la síntesis de lo finito y lo infinito, de lo temporal y lo eterno, de libertad y necesidad, pero podríamos extender sin violentarlo, a individualidad y sociedad, herencia y autodeterminación, entre otros.

La angustia, la desesperación, el tedio y el pecado, por mencionar algunos, antes de remitir a una propuesta de carácter negativo o decadentista, presentan rasgos propios de la constitución humana.[17] El eje de la reflexión ha de centrarse en esa tensión, en la relación, no en sus polos dialécticos. No obstante, la apropiación de la relación es tarea de cada individuo, mientras que la tarea del autor es mostrar esos polos, obligarlo a juzgar, esto es, a posicionarse en esa tensión.

Con Kierkegaard, más que preguntar por *lo humano*, la pregunta deviene en una pregunta por el *yo*. En este sentido, expresó que entre cuerpo y alma surge el yo. En *La enfermedad mortal*, Anti Climacus lo describe de la siguiente manera:

> El hombre es espíritu. Mas ¿qué es el espíritu? El espíritu es el yo. Pero ¿qué es el yo? El yo es una relación que se relaciona consigo misma, o dicho de otra

---

[17] Como ya se ha comentado, esto se refiere a que dichos rasgos surgen por la condición de síntesis y a la relación que guarda lo humano con lo divino más que a un decadentismo psicológico o existencial.

manera: es lo que en la relación hace que ésta se relacione consigo misma. El yo no es la relación, sino el hecho de que la relación se relacione consigo misma. El hombre es una síntesis de infinitud y finitud, de lo temporal y lo eterno, de libertad y necesidad, en una palabra: es una síntesis. Y una síntesis es la relación entre dos términos. El hombre, considerado de esta manera, no es todavía un yo.

En una relación entre dos términos, la relación entre dos términos, la relación es lo tercero como unidad negativa y los dos se relación con la relación y en relación con la misma; de este modo, y en lo que atañe a la definición de "alma", la relación entre el alma y el cuerpo es una simple relación. Por el contrario, si la relación se relaciona consigo misma, entonces esta relación es lo tercero positivo, y esto es cabalmente el yo.[18]

Dado que el humano no ha puesto la relación, entra en relación el poder que fundamenta la relación: Dios. Por ello, todo individuo queda referido a lo trascendente que, concretizado, ha de efectuarse y comprobarse en el amor al prójimo.

Lo propio del individuo se encuentra en el yo, en el espíritu. Sin embargo, no sólo en el individuo mismo, sino en aquello con lo que o con quien se relaciona, además de la forma en

---

[18] Kierkegaard, S. *La enfermedad mortal*, 35.

que se relaciona, es decir, en el *pathos*. Sea pues, "la inquietud es la relación con la vida, con la realidad de la persona, y consiguientemente, en el sentido cristiano, es la seriedad".[19]

Reflexionar la relación

Antes que las propuestas de alteridad venidas de Levinas y otros autores del siglo XX, Kierkegaard había señalado ya al absoluto diferente y el olvido del otro en la tradición filosófica.[20] Igualmente, había indicado que éstos desembocan en una ética. Del mismo modo, a través del espíritu, ha enunciado la incorporación de la relación en la reflexión antropológica, pauta de la que posiblemente surgió el *ser-con* heideggeriano, concepto que ha realzado y analizado Jean-Luc Nancy. Asimismo, ha señalado con esto el carácter de "abierto" que posee este carácter relacional, lo que ha recuperado Agamben también con base en Heidegger.

En la cita de Anti Climacus referida, puede notarse la importancia de la relación para la propuesta del danés, en tanto constitutiva de su propuesta antropológica; con ella abre al

---

[19] *Ibídem*, 26.

[20] Para lo relativo al "absolutamente diferente" puede considerarse *Migajas filosóficas o un poco de filosofía* (57 ss), mientras que para el tema del otro y el prójimo remitimos a *Las obras del amor,* donde se expresa: "«el prójimo» es lo que los pensadores llamarían lo otro, aquello en lo que ha de verificarse lo egoísta del amor de sí. En vista de lo cual, si por los pensadores fuera, no sería necesario siquiera que existiera el prójimo" (40).

individuo a la alteridad a través de la fe y el amor, mientras que condena la negación de la relación en lo demoníaco. En contra de la modernidad, el yo no se *autofundamenta* ni es transparente a sí mismo, puesto que su yo no se encuentra siempre en sí, sino en relación. El yo se encuentra incapacitado para fundamentar tanto la relación (el yo) como al otro polo de la relación (un tú, humano o divino), del mismo modo para acceder a tal. Si el otro, en tanto polo de la relación determina al individuo, el acceso a sí mismo posee límites. Esto nos presenta una antropología que, más que decadente, se opone a algunos de los presupuestos de la modernidad y su optimismo vinculado con un progreso que plantea una transparencia y superación constante de la condición propia.

Kierkegaard reflexionó sobre las formas de relación del individuo consigo mismo. De éstas se derivan la desesperación, la angustia y el pecado, incluso lo demoníaco, donde el individuo intenta realizar una negación de la condición relacional, es decir, del yo. Sin embargo, también del amor y la fe. Frente a una tradición moderna, para Kierkegaard la reflexión sobre el individuo involucra cierta decadencia y un olvido del sustrato relacional que la sostiene. Por su parte, al afirmar las formas generales de relación con la exterioridad nos plantea considerar los estadios o esferas de la existencia.

De forma sumaria, las esferas de la existencia pueden ser indicadas como formas de relación basadas en la radicalización de las formas de amor que concebimos como próximas al *eros*, la *philia* y el *agapé* o caridad, empero, hemos de recordar que este señalamiento recurre a conceptos ajenos al discurso del danés.

El estadio estético se caracteriza por la búsqueda de un placer que satisfaga el vacío propio, un arrojarse continuo hacia fuera, para evitar confrontarse con la nada propia, cuya identidad se forja según esta sensibilidad que intenta agotar (y agotarse en) la exterioridad, incluso la destruye, en un reflejo de la autodestrucción de sí y el intento por acabar con el vacío propio. Se trata de un eros radicalizado que no se detiene en el ejercicio sexual, también le vale el placer intelectual o cualquier elemento capaz de excitar su sensibilidad afectiva, intelectual, carnal o, simplemente, una distracción que le permita la evasión de sí mismo. Este olvido de sí puede manifestarse lo mismo en la exaltación que en la destrucción o en la melancolía.

El estadio estético no debe confundirse con los estudios estéticos, de corte filosófico, o con el mero placer, sino con la evasión de sí por medio de la excitación sensorial, anímica o espiritual, incluso si éstas son displacenteras. Se trata de una inmediatez cercana a la huida, pues como señaló a través de B, seudónimo de la segunda parte de *O lo uno o lo otro*: "lo estético en un hombre es aquello que él inmediatamente es; lo ético es aquello a través de lo cual llega a ser lo que llega a ser",[21] no obstante, en el último caso, este "ser" provenga de la generalidad.

―――――――――

[21] Kierkegaard, S. *O lo uno o lo otro. Un fragmento de vida II*, 166.

Tal como el estadio estético no se identifica con la estética como área de estudio y reflexión filosófica, el estadio ético tampoco lo hace con la ética. Quien se desenvuelve en el estadio estético puede ser una persona considerada moral e impecable, sin embargo, sus motivos serán la satisfacción de ese reconocimiento u otras formas de beneplácito. Sucede lo mismo con el "eticista" que ha de guiarse por "lo general, y esto a su vez, en cuanto general, es lo que puede hacerse valer para todos y cada uno de los hombres".[22] Al modo de una *philia*, identificada con un dar y recibir cercano a una relación contractual, el "eticista" actúa a través de la posible mediación que pueda ocultarlo bajo el disfraz de lo universal, aunque también podría colmarlo como un héroe, pues sus parámetros son accesibles a todos quienes le rodeen y posean, diríamos actualmente, una misma racionalidad o episteme.

Finalmente, en el estadio religioso, nuevamente sin significar esto su reducción a la religión, la caridad se hace presente. El individuo es capaz de donarse, ya sea a Dios o al prójimo y su individualidad le viene precisamente de esta forma de relación en el encuentro signado por la obra de amor y la edificación, ambas atestiguan su apertura a lo infinito desde su actuar concreto para con el otro.

---

[22] Kierkegaard, S. *Temor y temblor*, 639.

Propuesta ética

Arne Grøn ha venido a llamar "segunda ética" a lo que podríamos señalar como una propuesta ética en Kierkegaard y que, precisamente, se distancia del estadio ético. En el estadio ético, la identidad no se formula por la respuesta al otro, sino que surge por la apropiación de una identificación con lo general y, al menos en teoría, podría ser accesible a cualquiera (podemos aquí remitir al imperativo categórico kantiano o a la formulación de la moral en Hegel) y que diluye tanto al individuo como al otro en un anonimato, además de que, acorde con los parámetros de lo general, puede cambiar de un momento a otro. Servatius, abogado de Eichmann, señaló respecto de los actos de los que era acusado el nazi: "que son recompensados con condecoraciones, cuando se consigue la victoria, y conducen a la horca, en el momento de la derrota".[23]

Mientras en la consideración ética de una subjetividad auto-fundamentada se sale al encuentro del otro para compartir de ese bien al alcance de todos, en la "segunda ética" se responde al otro en el encuentro, hay una donación en la cual quien responde se las ha de ver consigo mismo y con el otro, un momento de decisión en que, a favor o en contra de "lo establecido", se responde al otro desde el amor al prójimo. Junto a esta respuesta, emerge la subjetividad. Expresa Grøn: "la segunda ética es ética *mediante* una crítica de la ética, ética en virtud de

---

[23] Citado por Hannah Arendt en *Eichmann en Jerusalén*, 40.

aquello que tiene lugar fuera de la ética. Ambos puntos conciernen a lo religioso".[24] Se trata de una ética que no brinda lo que corresponde o lo debido, sino que supera estas "exigencias" para brindar más, se trata de un don.

Aristóteles ha expresado la ética junto con la economía y la política como la búsqueda del bien, según lo más propio a cada uno. De modo que la ética ha de administrar a lo humano y, así como la economía a la casa o la política al estado, obtener el bien propio, es decir, lo que resulta propio a la naturaleza de cada cual, subsumiendo a lo particular (la ética) en lo general (la política) como un reflejo del todo (la armonía del cosmos). Contrario a esto, en Kierkegaard la respuesta ética no encuentra su base en lo general, sea la política o el cosmos, sino en una interioridad volcada al otro, la cual brinda no lo justo de un deber legal donde los involucrados resultan indiferentes, sino que afirma a los partícipes en el don, al grado de desplazar lo más propio en la respuesta al otro. En el don, el individuo se brinda a sí mismo más allá del deber propuesto por el pensamiento y la ética centrados en la identidad de lo propio.

El parámetro de este donarse es, igualmente, lo que inició estas líneas: el ser cristiano, comprobar en sí la verdad del cristianismo que, según indica la tradición bíblica, puede resumirse en el "Amarás al Señor, tu Dios, con todo tu corazón,

---

[24] Grøn, A. "Ética de la repetición", 42.

con toda tu alma, con todas tus fuerzas y con todo tu espíritu, y a tu prójimo como a ti mismo" (Lc. 10, 27). Pero, nos recordará Kierkegaard: "Cuando abras la puerta que cerraste para rezar a Dios y salgas, entones el primer ser humano que te topes será tu prójimo, a quien *has de* amar".[25] De manera que la individualidad será considerada desde la ética, desde las obras del amor que delatarán lo que hay en el corazón de cada individuo, incluso si esto niega lo que sus labios señalen.

Elementos para la propuesta personalista

Kierkegaard ha sido ubicado por Carlos Díaz como tronco y como parte de la rama dialógica neotestamentaria en dos imágenes que representan un árbol genealógico del personalismo.[26] Por su parte, Rosenzweig, tras señalar a Hegel en lo referente al sistema, ubica a Kierkegaard como el primer referente ajeno a la propuesta hegeliana y a esa forma de pensar en que el individuo se diluye. En *La estrella de la redención*, el autor judío testimonió sobre el Sócrates del norte:

impugnó Kierkegaard [...] la incorporación hegeliana de la Revelación en el Todo. Y el punto [de Arquímedes] fue la conciencia de Søren Kierkegaard [...]: una conciencia que no necesitaba diluirse en el cosmos y que no era susceptible de hacerlo. No lo era,

---

[25] Kierkegaard, S. *Las obras del amor*, 75.
[26] Las figuras han sido recuperadas en la parte inicial de este trabajo.

pues aun cuando todo lo que hubiera en ella fuera traducible en términos de universal, restaría el hecho de estar dotada de nombre y apellido, restaría lo propio en el estrictísimo sentido de esta palabra.[27]

Con Kierkegaard, el individuo concreto, ese que carga nombre y apellido, ese que soy y es cada uno, entra a la filosofía sin dejarse reducir al cosmos como en la tradición antigua, a lo divino como en la medieval o, inclusive, a la consciencia de un yo abstracto o al todo de los sistemas modernos. Al contrario de estas tradiciones, al poner al individuo precisamente en ese punto de inflexión que es la relación, al dar lugar al individuo, Kierkegaard también da lugar realmente a Dios, al mundo y a la razón misma sin diluir a los unos en los otros. Junto con el individuo, se da entrada bajo esta nueva perspectiva a la historia, el arte y otras manifestaciones humanas sin diluirlas en el sistema o en lo general. Al situar al individuo en la filosofía, se sitúa con él lo que conlleva la existencia.

Evitando solipsismos o subjetivismos, el individuo kierkegaardiano se construye desde la exigencia bíblica neotestamentaria, situando a la vez al humano en el centro de la reflexión, desde la relación. Situación a la que aluden los árboles genealógicos del personalismo propuestos por Díaz. Este reconocimiento es importante, no sólo por tratarse de una de las voces contemporáneas más autorizadas del personalismo,

---

[27] Rosenzweig, F. *La estrella de la redención*, 46.

sino por presentarnos una lectura del danés, distinta a aquellas descalificaciones venidas de otros autores del personalismo o líneas de pensamiento próximas.

Finalmente, quisiera cerrar trayendo a colación una advertencia ya hecha, pues toda lectura pose un sesgo propio de quien la realiza y, en este caso, ha de sumarse aquella que vincula estas páginas al personalismo. Además de lo anterior, hay quizá cierta traición en toda introducción o acercamiento que podamos proponer a la obra de Kierkegaard, con independencia del éxito que al respecto se logre. Esto se debe a que se buscará aproximar al lector a Kierkegaard, a sus ideas y propuestas, es decir, valga la redundancia, se propone aproximar a la filosofía de Kierkegaard. Sin embargo, la verdadera experiencia de leer a Kierkegaard es leerse a sí mismo en sus líneas, pauta que quizá ningún acercamiento pueda lograr,[28] de manera que no resta sino invitar a la lectura misma del autor, en quien, no obstante, se encontrará el lector a sí mismo y no sólo al filósofo danés.

---

[28] Ebner ha escrito sobre el danés: "quien ha comprendido realmente uno de los escritos de Kierkegaard, por ejemplo, el libro *La enfermedad mortal* o *El concepto de angustia*, ése se comprende a sí mismo mejor que antes o es que no ha comprendido esos libros" (*La palabra y las realidades espiritualesm* 51-52).

REFERENCIAS BIBLIOGRÁFICAS

Arendt, H. *Eichmann en Jerusalén*. Debolsillo. 2014.

Díaz, Carlos. ¿Qué es el personalismo comunitario? Fundación Emmanuel Mounier. 2002.

— "Martin Buber. La entraña del personalismo comunitario". En: *Revista iberoamericana de personalismo comunitario 6*.

Ebner, F. *La palabra y las realidades espirituales*. Caparrós. 1995.

Guerrero Martínez, L. *Kierkegaard: Los límites de la razón en la existencia humana*. Publicaciones Cruz-Universidad Panamericana-Sociedad Iberoamericana de Estudios Kierkegaardianos. 1993.

Grøn, A. "Ética de la repetición". En: *Enrahonar 29*. 1998.

Kierkegaard, S. *El concepto de la angustia*. Alianza. 2008

— *La enfermedad mortal*. Trotta. 2008

— *Las obras del amor*. Sígueme. 2006.

— *Los primeros diarios. Volumen I. 1834-1837*. Universidad Iberoamericana. 2005.

— *Mi punto de vista*. Sarpe. 1985.

— *Migajas filosóficas o un poco de filosofía*. Trotta. 2004.

— *O lo uno o lo otro. Un fragmento de vida I*. Trotta. 2006.

— *O lo uno o lo otro. Un fragmento de vida II*. Trotta. 2007.

— *Postscriptum no científico y definitivo a Migajas filosóficas*. Sígueme. 2010.

— *Temor y temblor*. En: *Kierkegaard*. Gredos. 2010.

Rosenzweig, F. *La estrella de la redención*. Sígueme. 2006.

Urdánoz, T. *Historia de la filosofía V. Siglo XIX: Socialismo, materialismo y positivismo. Kierkegaard y Nietzsche*. Biblioteca de Autores Cristianos. 2008.

2. PLENITUD DE LA RELACIÓN COMO RESCATE DE LA PERSONA. APROXIMACIÓN AL YO-TÚ COMO PRINCIPIO DE LA RELACIÓN EN MARTIN BUBER

Introducción

Con la pregunta kantiana "¿Qué es el hombre?", Buber intitula una de sus obras, pero también nos brinda una guía de aproximación a su pensamiento y, con ello, a reflexionar sobre su propuesta centrada en el Yo-Tú. Con lo anterior por eje, y teniendo en miras su proximidad con la propuesta personalista, intentaremos brindar algunas notas sobre la propuesta del autor judío. Iniciaremos con algunas notas biográficas, para proseguir con la presentación de su propuesta centrada en la relación Yo-Tú, así como el Yo-Ello. Para brindar mayor claridad, se indicarán algunas referencias sobre la manera en la cual concibe el odio, en tanto una relación parcial (Yo-Ello) signada por ideas; y el mal, como carencia de dirección en la fuerza de la persona. Señalaremos igualmente en este transcurso algunos rasgos sobre el entre.

Estas líneas permitirán poner un poco de luz en la cercanía de Buber con el personalismo por la preponderancia, en el primero, del principio dialógico que, para la corriente filosófica, es también una forma de rescatar a la persona, al tú.

Esbozo biográfico

Martin Buber nació el 8 de febrero de 1878 en Viena y, debido a la separación de sus padres, a partir de los tres años vivió con su abuelo Salomón Buber, quien era estudioso de la tradición hebraica del Midrash. Martin Buber fue alumno de Dilthey y Simmel, compañero de autores como Max Scheler, von Hildebrand y Martin Heidegger, así como adherente al movimiento sionista del que luego se distanciará. En 1889 conoció a Paula Winkler, quien se convirtió en su esposa.

En 1920 fundó, junto con Franz Rosenzweig, la *Freies Jüdisches Lehrhaus*, espacio para la instrucción judía de adultos, además de iniciar, también con Rosenzweig, una traducción de la Biblia hebrea al alemán. Asimismo, fundó el periódico *Der Jude* que funcionó hasta 1924.

Entre sus publicaciones se cuentan inicialmente abordajes de carácter mítico y religioso, siendo hasta 1923 cuando publica *Ich und Du*, su obra más conocida, así como el texto en el cual se expresa mejor su propuesta filosófica. A partir de la década de 1930 comienzan los vetos surgidos del régimen nazi que cobraba fuerza, por lo cual se traslada a Jerusalén en 1938, donde ocupó la cátedra de sociología en la Universidad Hebrea.

Tras diversas actividades y textos, en 1946 publicó *Palestina un estado binacional*, en donde abogó por un estado laico. Esto le permitió participar en la formación del *Ihud*, un pequeño partido político que abogaba por un estado árabe-judío y la reconciliación de ambas culturas. Cuatro años más tarde, en 1950, editó *Dos modos de fe*, trabajo donde abordó la relación entre judíos y cristianos.

Entre 1962 y 1964 cuidó la elaboración y publicación de sus obras completas divididas en tres bloques: obras filosóficas, obras religiosas y obras sobre jasidismo. Esta última es la vertiente del judaísmo a la cual se suscribía. Un año más tarde, el 12 de junio de 1965, falleció en Jerusalén.

Su propuesta posee una veta judía innegable, de donde emanan tres componentes que atraviesan su obra en diversos niveles. Éstos son: la concepción de Dios como presencia inmediata frente a su creación en cercanía e intimidad; el desarrollo de la persona no puede excluirse a la comunidad, por el contrario, debe constatarse en una intensa vida comunitaria; y, el esfuerzo por aproximarse a Dios y por aproximarlo al mundo es de suma importancia para la relación con él. De estas tres vetas derivan el componente nacional como salvación del pueblo (pese a no abogar por un exclusivismo de la práctica religiosa) y los aspectos sociales que plantean, por ejemplo, la armonía entre el desarrollo de la persona y el de la comunidad.

Yo-Tú y Yo-Ello. De la plenitud y deficiencia de la relación

Martín Buber es uno de los autores más reconocidos de las filosofías del diálogo, debe parte de este reconocimiento a su obra *Yo y tú* de 1923. Sin embargo, partamos de su trabajo *¿Qué es el hombre?* de 1938. En él puede reconocerse la influencia de Dilthey en dos aspectos principales, uno es el abordaje y la proximidad con la tradición filosófica; el otro es el reconocimiento del valor de dicha tradición para el proceder filosófico. En este trabajo, Buber partió del cuestionamiento que ha retomado de Kant e intitula la obra, para dar cuenta de la reflexión antropológica en un recorrido que incluye a Aristóteles, Heidegger y Scheler. Al final de dicho trabajo hace presencia su reflexión, con lo cual este trabajo puede considerarse una introducción y una guía para situar su pensamiento en la historia de la filosofía.

En la sección "Perspectivas", con la cual concluye *¿Qué es el hombre?*, plantea en su primer párrafo:

"¿Qué es el hombre?", de cuya historia y efectos he tratado en la primera parte [del libro], no puede ser resuelta, si es que cabe resolverla, partiendo de la consideración de la persona humana en cuanto tal, sino, únicamente considerándola en la totalidad de sus relaciones esenciales con el ente.[29]

Esta "totalidad de sus relaciones esenciales con el ente", no sólo como un agregado, sino como un constitutivo de la condición humana es el punto de desarrollo de la propuesta buberiana, misma que intenta plantear un abordaje completo de lo humano en sus diversas dimensiones, esto es, relaciones,[30] para lo cual es preciso eludir la aproximación meramente epistemológica u ontológica que signaría a lo humano en el mismo estatuto que los objetos.

Hay, por lo menos, tres aspectos que el pensamiento de Buber busca eludir: la consideración humana, en tanto objeto, el individualismo y el colectivismo. Abordar al humano como objeto involucra considerarlo como ausente y limitado, privado de la racionalidad que se le hace ostentar y distante de sus relaciones, cual si éstas fueran accidentales a lo que es, para si-

---

[29] Buber, M. *¿Qué es el hombre?*, 141.

[30] Respecto del análisis del cuestionamiento kantiano concreta: "Una antropología filosófica legítima tiene que saber no sólo que existe un género humano sino también pueblos, no sólo un alma humana sino también tipos y caracteres, no sólo una vida humana sino también edades de la vida; sólo abarcando sistemáticamente éstas y las demás diferencias, sólo conociendo la dinámica que rige dentro de cada particularidad y entre ellas, y sólo mostrando constantemente la presencia de lo uno en lo vario, podrá tener ante sus ojos la totalidad del hombre". (*Ibídem*, 18).

tuarlo en una ubicación antes que en su dimensión relacional. En tal sentido, señaló: "Mientras nos contentemos con 'poseernos' como un objeto, no nos enteraremos del hombre más que como una cosa más entre otras, y no se nos hará presente la totalidad que tratamos de captar; y claro que para poder captarla tiene que estar presente".[31]

En tanto la consideración de lo humano como objeto parecía más propia de la filosofía decimonónica y sus pretensiones científicas, el individualismo y el colectivismo los encontró Buber en las propuestas de su tiempo bajo las marcas de la filosofía de la existencia (y posterior existencialismo), así como en una mala herencia del socialismo y el comunismo. Crítico de la filosofía su tiempo, escribió: "el individualismo no ve al hombre más que en relación consigo mismo, pero el colectivismo no ve al *hombre*, no ve más que la 'sociedad'. En un caso el rostro humano se halla desfigurado, en el otro oculto",[32] por lo que ante la falsa disyuntiva que

---

[31] *Ibídem*, 21.

[32] *Ibídem*, 142. Y complementa más adelante a cada uno: "El individuo moderno posee, esencialmente, un fundamento imaginario. Este carácter imaginario representa su talón de Aquiles, por la imaginación no alcanza a dominar de hecho la situación dada" (*Ibídem*, 143); y, "El hombre en colectividad no es el hombre con el hombre. [...] No se supera el aislamiento de los hombres, lo único que se hace es sofocarlo. Es reprimido el afán de conocerse a sí mismo, pero la situación efectiva opera incoercible en el fondo y cobra secretamente una cruel potencialidad que se pondrá

recorre a la reflexión moderna, ondulante entre los polos del individualismo y el colectivismo, se plantea una tercera alternativa que ha asomado ya: "Podremos aproximarnos a la respuesta de la pregunta '¿Qué es el hombre?' si acertamos a comprenderlo como el ser en cuya dialógica, en cuyo 'estar-dos-en-recíproca-presencia' se realiza y se reconoce cada vez el encuentro del 'uno' con el 'otro'".[33] Contra las otras alternativas, al tiempo que posicionó su postura, asentó: "también el gorila es un individuo, también una termitera es una colectividad, pero el 'yo' y el 'tú' sólo se dan en nuestro mundo, porque existe el hombre y el yo, ciertamente, a través de la relación con el tú".[34]

Aquella obra de 1938, posterior a trabajos como *Yo y tú* (1923), puede considerarse como un análisis retrospectivo que profundiza el planteamiento del problema que subyace a su propuesta filosófica. Ahí presentó una panorámica de su trabajo e influencias, así como de las lecturas e interpretaciones que embeben su reflexión al convertirse en puntos de referencia con los que permanece en diálogo.

Por su parte, el título *Yo y tú* cifra su propuesta en general. Sin embargo, ha de considerarse que no se trata sólo de un análi-

---

de manifiesto el día en que se disipe la ilusión. El colectivismo moderno es la última barrera que ha levantado el hombre antes de encontrarse consigo mismo". (*Ibídem*, 144).

[33] *Ibídem*, 150-151.

[34] *Ibídem*, 150.

sis del yo y el tú, sino de la relación, del "entre", concepto que permite el darse de aquellos. Ahora bien, la centralidad del yo y tú no exime de otras formas de relación:

Tres son las esferas en las que se alcanza el mundo de la relación.

La primera: La vida con la naturaleza. Allá la relación oscila en la oscuridad y por debajo del nivel lingüístico. Las criaturas se mueven ante nosotros, pero no pueden llegar hasta nosotros, y nuestro decirles-Tú se queda en el umbral del lenguaje.

La segunda: La vida con el ser humano. Allí la relación es clara y lingüística. Podemos dar y aceptar el Tú.

La tercera. La vida con los seres espirituales. Allá la relación está envuelta en nubes, pero manifestándose, sin lenguaje, aunque generando lenguaje. No percibimos ningún Tú, y sin embargo nos sentimos interpelados y respondemos imaginando, pensando, actuando: Decimos con nuestro ser la palabra básica sin poder decir Tú con nuestros labios

[...]

> En cada una de las esferas avistamos la orla del Tú eterno gracias a todo lo que se nos va haciendo presente, en todo ello percibimos un soplo que llega de Él, en cada Tú dirigimos la palabra a lo eterno, en cada esfera a su manera.[35]

En las líneas siguientes, centraremos nuestra intención en dar cuenta de algunos rasgos de la relación yo y tú del segundo tipo, es decir, de la vida del ser humano con el ser humano. Si bien el humano se encuentra situado en el mundo, este mundo no sólo aparece, sino que su abordaje depende de una doble actitud que se encuentra en lo humano, actitud que depende de las "palabras básicas que él puede pronunciar".[36] Lo distintivo de estas palabras es que no se trata ni de una forma de expresar la exterioridad ni de un mero acto lingüístico, sino que evocan y ponen de manifiesto a quien las pronuncia: "Las palabras básicas no expresan algo que estuviera fuera de ellas, sino que, pronunciadas, fundan un modo de existencia".[37]

Séanos permitido reproducir las líneas que inician *Yo y tú*:

> Para el ser humano el mundo es doble, según su propia doble actitud ante él.

---

[35] Buber, M. *Yo y tú*, 14.
[36] *Ibídem*, 11.
[37] *Ídem*.

La actitud del ser humano es doble según la duplicidad de las palabras básicas que él puede pronunciar.

Las palabras básicas no son palabras aisladas, sino pares de palabras.

Una palabra básica es el par Yo-Tú.
La otra palabra básica es el par Yo-Ello, donde sin cambiar la palabra básica, en lugar de Ello pueden entrar también las palabras Él o Ella.

Por eso también el Yo del ser humano es doble.

Pues el Yo de la palabra básica Yo-Tú es distinto del de la palabra básica Yo-Ello.[38]

Estas palabras básicas resultan inseparables, es decir, no puede decirse el "Ello" de la segunda palabra básica pretendiendo permanecer en el "Yo" de la primera. En cada caso, Tú y Ello van asociados con su respectivo Yo, sucediendo lo mismo a la inversa, por lo que en toda relación se forma un modo de existencia. Más adelante, agregó Buber: "Las palabras básicas se pronuncian desde el ser",[39] no obstante, "la palabra básica Yo-Ello nunca puede ser dicha con todo el ser".[40]

---

[38] Ídem.
[39] Ídem.
[40] Ídem.

Haciendo crítica del individualismo y el colectivismo, señala cómo el yo que éstos presentan está asociado con el yo de la palabra básica Yo-Ello en cuanto ninguno permite un reconocimiento del otro. El primero pretende construirse en su deslinde y, el segundo, al no reconocerlo en su forma concreta, conduce al tumulto.[41] Sucede lo mismo con la perspectiva objetiva que pretende la posesión de "algo", de un conocimiento o poder sobre el otro, pero que en realidad volatiza y reduce la presencia al Yo-Ello. Sólo "la palabra básica Yo-Tú funda el mundo de la relación".[42]

La forma Yo-Ello, sin embargo, es necesaria. Al concluir la primera parte de *Yo y tú* planteó a este respecto: "sin el Ello no puede vivir el ser humano. Pero quien solamente vive con el Ello no es ser humano".[43] En la relación pura, en el encuentro,

---

[41] "No existe ningún Yo en sí, sino sólo el Yo de la palabra básica Yo-Tú y el Yo de la palabra básica Yo-Ello" (*ídem*).

[42] *Ibídem*, 13.

[43] *Ibídem*, 35. Mientras que en otras partes de esta obra aparecen señalamientos como: "Ésta es, empero, la sublime melancolía de nuestro destino: que todo Tú haya de convertirse en un Ello en nuestro mundo" (*ibídem*, 22), "Por naturaleza, cada Tú existente en el mundo está inclinado a volverse cosa, o al menos a caer en la cosificación" (*ibídem*, 23), "Cada Tú *debe* llegar a ser un Ello una vez transcurrido el acontecimiento de la relación" (*ibídem*, 35) o, en la segunda parte: "La palabra básica Yo-Ello no es perjudicial, como tampoco la materia es perjudicial. Lo perjudicial sería que la materia se atribuyese lo existente. Si el ser humano la deja dominar, le invade el incesantemente creciente mundo del Ello, el propio Yo se despotencia en favor suyo, hasta que el íncubo sobre él y el

no pueden subsistir los seres finitos, ya sea por la interferencia de elementos ajenos a la relación o por su propia finitud. No obstante, aparece la posibilidad de la relación última con el Tú Eterno que permitiría la permanencia en esta forma de relación plena y absoluta. Por otra parte, también debe reconocerse cómo fuera de lo divino existe la tendencia necesaria de todo Tú a devenir Ello, hay igualmente un "instinto de hacer de toda cosa un Tú".[44]

Para Buber, toda "relación es reciprocidad"[45] y "toda vida verdadera es encuentro",[46] por lo que no hay un ceñirse necesario a lo humano. Nos permitimos plantear un paralelismo con lo que expresó en *Imágenes del bien y del mal* respecto de la "división" entre lo sagrado y lo profano. Mientras, por una parte, "la piedad jasídica ya no reconoce algo como simple e irreparablemente profano. Lo 'profano' es para el jasidismo

---

fantasma dentro de él susurran mutuamente el reconocimiento de su no salvación" (*ibídem*, 46).

[44] *Ibídem*, 30. En "Diálogo", el apartado "Los movimientos fundamentales", ejemplifica la relación a partir del recuerdo de Martin Buber, cuando niño, con un caballo de su abuelo: "Cuando acariciaba esas crines firmes, a veces maravillosamente suaves, otras veces, increíblemente salvajes, y percibía lo viviente con mis manos, era como si la vitalidad misma me bordeara la piel, algo que no era yo, que no era yo en absoluto, sino palpablemente el otro, pero no otro cualquiera, sino verdaderamente el otro en persona, que me dejaba acercarme, que se confiaba a mí, que elementalmente se ponía en una relación de tú a tú conmigo" (149).

[45] Buber, M. *Yo y tú*, 15.

[46] *Ibídem*, 18.

sólo una designación para lo que todavía no está santificado, para lo que debe santificarse",[47] por otra parte y de un modo similar, la relación Yo-Tú no queda limitada a lo humano, sino que puede ser llevada incluso ahí donde lo humano falta. Por desgracia, antes que propiciar el Yo-Tú, la experiencia pareciera constatar con mayor facilidad el punto contrario, es decir, patentar cómo las personas reducen al mundo y entre sí a meras formas de relación Yo-Ello, más que encuentro, al modo de ubicaciones espaciales, un cúmulo de datos es mediatizado por el paisaje al que se han reducido mutuamente. ¿Cómo, entonces, salir del Yo-Ello? "Cada Ello *puede* convertirse en un Tú por la entrada en el acontecimiento de la relación".[48]

Las relaciones no están dadas simplemente por involucrar a personas, animales u objetos, sino que cada palabra básica "funda" el modo de las mismas. Mientras que las "experiencias solas no acercan el mundo al ser humano, pues ellas le acercan solamente a un mundo compuesto de Ello y Ello, de Él y Ella, y de Ella y Ello [...], el mundo pertenece a la palabra básica Yo-Ello. La palabra básica Yo-Tú funda el mundo de la relación".[49]

---

[47] Buber, M. *Imágenes del bien y del mal*, 64.

[48] Buber, M. *Yo y tú*, 35.

[49] *Ibídem*, 13. El punto y aparte se ha convertido en punto y seguido para esta cita.

La entrada en el mundo de la relación entre Yo y Tú es, tanto para Buber como para otros autores, la entrada en la actualidad y el tiempo.[50] No obstante, y como sucede en general con el Tú, es preciso la entrada del Ello o, en este caso, del pasado,[51] el pasado es problemático, no por su necesaria aparición, sino en cuanto hay una reducción y permanencia en él, es decir, al convertirse en un modo de limitación a los parámetros del Ello.

Sin plantear una adherencia a los principios vitalistas, hay una constante de Buber a la plenitud de la vida y el intento de recuperarla. Esta plenitud plantea, antes que en la afirmación de la vida por sí misma, la afirmación de la vida en relación. La línea "al principio está la relación"[52] es uno de los puntos medulares de las reflexiones de Buber. Incluso hace dependiente de tal aseveración las afirmaciones respecto del amor y el odio como formas de la relación, aunque, precisamente, en vinculación con la plenitud y las deficiencias de la misma.

---

[50] "Sólo porque el Tú se torna presente surge la actualidad" (*ibídem*, 19); "En la medida en que el ser humano se deja satisfacer con las cosas que experimente y utiliza, vive en el pasado, y su instante es sin presencia. No tiene otra cosa que objetos; pero los objetos consisten en haber sido" (ídem).
[51] "En el solo presente no se puede vivir, le devoraría a uno si no se hubiese preocupado de superarlo rápida y fundamentalmente. Sin embargo, es posible vivir en el simple pasado; es más, sólo en él cabe organizar una vida" (*ibídem*, 35).
[52] *Ibídem*, 23.

La aparente oposición entre amor y odio aparece entonces como la oposición entre las formas propias y deficientes de la relación. "El amor es responsabilidad de un Yo por un Tú: en esto consiste la igualdad —y no en ningún tipo de sentimiento— de todos los que se aman";[53] mientras que "el odio es ciego por naturaleza; sólo se puede odiar una parte de un ser. Quien ve un ser en su totalidad y ha de rechazarlo ya no está en el reino del odio, sino en el de la humana limitación del poder decir Tú".[54]

Tal como ha quedado insinuado en lo enunciado respecto de lo sagrado y lo profano, para Buber el pensamiento, aunque dialógico, no por tal se desarrolla a partir de elementos duales y opuestos, aspecto que se visualiza en su consideración del amor y el odio como formas de relación fundadas en las palabras Yo-Tú y Yo-Ello, entendidas éstas desde el principio de la relación, es decir, no en cuanto opuestos. En consonancia con lo anterior, criticó que el tratamiento del mal en la tradición filosófica está asociado con una dicotomía que tiende a concebir elementos o principios opuestos. Al plantear que la comprensión de lo humano viene dada por la relación, Buber

---

[53] *Ibídem*, 21.

[54] *Ibídem*, 22. Esta afirmación y otras que atraviesan una tónica similar respecto del mal le ganaron posteriores críticas, como la de Emil Fackenheim, quien tras el Holocausto afirmó que "Buber tuvo una perdurable dificultad para reconocer el mal" (*Reparar el mundo*, 234), no obstante, la cercanía temporal con la Shoah pudo ser un factor importante, tanto en Buber como en otros, que impidió abordar reflexiones sobre el tema.

planteó que la interpretación de la realidad también queda embebida de esta comprensión, de manera que guarda distancia de la reducción a estructuras binarias transversales a la lógica y el modo de pensar occidental.[55]

Nuestro autor parte de una posición surgida del judaísmo jasídico, desde donde señala que, antes que binaria, la realidad es relacional:

> La concepción judaica es que los acontecimientos mundanos no se dan entre dos principios, tales como luz y tinieblas o bien y mal, sino entre Dios y el ser humano, ese ser mortal frágil que es capaz, sin embargo, de enfrentar a Dios y resistir su palabra.

---

[55] Por ejemplo, en *Imágenes del bien y del mal* comentó "sólo cuando la realidad cae en manos de la lógica, de modo que A y no-A ya no pueden coexistir, surgen entonces como miembros mutuamente excluyentes [...]. La unidad de ambos opuestos es el secreto que yace en el corazón del diálogo" (16); igualmente niega una dualidad de humanos cuando señala que: "No hay dos clases de seres humanos, pero hay dos polos de humanidad. Ningún ser humano es pura persona, ningún ser individual puro, ninguno completamente real, ninguno completamente irreal. Cada uno vive en un Yo doble. Pero hay seres humanos tan marcadamente personales, que podría denominárseles personas, y otros tan marcadamente individuales, que podría denominárseles seres individuales. Entre aquéllos y éstos tiene lugar la verdadera historia" (*Yo y tú*, 59. El primer punto y seguido era punto y aparte en el original).

El así llamado "mal" resulta entonces elemental y plenamente incluido en el poder de Dios, que "forma la luz y crea las tinieblas". Lo que le responde al yugo divino no es ningún mal en sí mismo, sino la persona humana, y es sólo por medio de ella que lo que llamamos "mal", esa fuerza sin dirección, puede hacerse real. La elección humana no es un fenómeno sicológico sino una realidad última, comprendida ella misma en el misterio de lo existente.[56]

Es por lo que, en este caso, el "mal" no lo es en sí mismo, es en realidad una pasión y esta pasión se torna problemática, origen del "mal", en la medida en que carece y se resiste a tener dirección, es decir, por el alejamiento del tú, alejamiento de Dios.[57] Sin embargo, de esta pasión, tal como de todo cuanto fue creado, "vio Dios que era bueno",[58] expresión que se reafirma tras la creación humana.[59] Con esa base, Buber explicó cómo el mandamiento de amor a Dios con todo el corazón[60] involucra los "dos impulsos, el 'bueno' y el 'malo'", que en realidad deberán entenderse como "el de la dirección y el de la

---

[56] Buber, M. *Imágenes del bien y del mal*, 15. La cita bíblica se corresponde con Is. 45, 7. El versículo completo, acorde con la Biblia de Jerusalén, versa "Yo soy Yavé, y no hay otro más; yo enciendo la luz y creo las tinieblas, yo hago la felicidad y provoco la desgracia, yo, Yavé, soy el que hace todo esto".
[57] *Cfr. Imágenes del bien y del mal*, 16 ss.
[58] Gen. 1, 10. 12. 18. 21. 25.
[59] "Dios vio que todo cuanto había hecho era muy bueno" (Gen. 1, 31).
[60] Deut. 6, 5.

fuerza",[61] siendo el hombre el responsable de hacer "mala" a la pasión, pues "el sufrimiento y el mal están desde el comienzo, no son absolutos, habitan en el hombre y éste puede superarlos [...]. De ahí que pueda interpretar el mal como el escalón más bajo del bien".[62]

En la concreción de la existencia, cuando se realiza el mal y el sufrimiento se entreteje con el dolor y la violencia, la pasión se encuentra viciada por la carencia de dirección, pues

> la raíz de todos los males es el "dejarse llevar por la inercia". La toma de decisión implica que el hombre ya no se deja llevar por el errabundo torbellino de la pasión, sino que todo su poder está incluido en la dirección por la que se decide; la única por la que puede decidirse es Dios. El mal, en consecuencia, sólo es la "cáscara", el envase, la corteza del bien, una cáscara que requiere una activa perforación.[63]

Buber no encuentra profundidad en el mal, sino una capa corrompida del bien. Como en la supuesta división entre lo sagrado y lo profano, lo "malo" se trata de aquello que se encuentra indireccionado, en otras palabras, sin dirección hacia lo divino. Si bien la acción humana se mantiene

---

[61] Buber, M. *Imágenes del bien y del mal*, 16.
[62] Calles, R. "Martín Buber: Una alternativa para nuestra época", 251.
[63] Buber, M. *Imágenes del bien y del mal*, 16-17.

indecisa y esta no elección es ya una elección (lo que nos recuerda a Pascal), su concreción se reviste de un carácter ético, pues tal como sucede con lo sagrado y lo profano, es la dirección que se les brinde lo que revestirá al mundo de su carácter religioso, lo que expresará la palabra fundante Yo-Tú o Yo-Ello. La dirección hacia lo divino determina la conformación ética y sagrada, la construcción de un espacio sagrado en el *entre*.

El hombre ha de santificar la realidad creada, no porque ésta sea profana, menos aun mala, sino que existe una distancia y finitud extendida por la creación, el humano incluido, y por la cual la dirección se ha perdido;[64] sin embargo, el hombre aún puede llevar esa dirección a la creación y santificarla.[65]

---

[64] *Cfr. Imágenes…*, 124.

[65] Así, la interpretación de lo que habitualmente se conoce como pecado original, propio del cristianismo e inexistente en el judaísmo, viene expuesta por Buber de la siguiente manera: "El pecado de los primeros hombres está también de hecho representado como una falta de firmeza: todo les fue dado, les fue otorgada la totalidad de la gracia, incluso el árbol de la vida. […] Pero ellos, los primeros hombres, no fueron firmes frente a su plenitud, ellos siguieron los impulsos del elemento limitante. No es como si se hubieran rebelado contra Dios; no se deciden contra Él. Simplemente no se deciden por Él. No es un movimiento de rebeldía sino una perplejidad, una falta de orientación, una 'voluntad débil', una cierta indolencia. No es que hacen algo, simplemente lo hicieron. Uno ve en ellos esa tormentosa falta de dirección y el descenso de las chispas en necesidad de redención; ve tentación, actos alborotados e indecisos. Entonces 'conocen' lo limitado, por su-

En cada humano se encuentran la pasión y la dirección, la escisión abre dos alternativas definidas: elegir a Dios o rechazarlo, las palabras básicas Yo-Tú (referidas también a lo eterno) y Yo-Ello (ubicadas en el plano de "las cosas"). Como se ha escrito líneas arriba, la nulidad de la elección o su procrastinación es una elección, es la inercia del torbellino en que la pasión se alza por encima del humano y lo aleja de su ser mismo.

La continua elección a la que es arrojado el humano lo convierte en partícipe del revestimiento ético y religioso de la realidad, pues la realidad es dinámica y no estática en cuanto no sólo hay una existencia en lo dado, sino una creación continua de la que el individuo participa en las formas de relación que establece. A final de cuentas, "su habilidad para caer significa al mismo tiempo su habilidad para ascender, que él pueda traer la ruina al mundo significa a la vez que puede trabajar para su redención".[66]

De este modo, el análisis buberiano expresa algo que se ha venido manifestado en el ámbito literario, como en los *Hermanos Karamazov* de Dostoyevski, y especialmente en las éticas dialógicas: "la vida ética he (SIC) penetrado irreversiblemen-

---

puesto, como los hombres conocen, como Adán 'conoció' a su mujer. Ellos se mezclan con lo limitado y conocen el 'bien y el mal', incorporan el bien y el mal como fruta arrancada y luego mordida" (Buber, *Imágenes…* , 125-126).

[66] *Ibídem*, 126.

te en la vida religiosa. No hay responsabilidad si no hay ante quién ser responsable, puesto que no hay respuesta sin un llamado previo".[67] Sin la figura divina, las abstracciones pueden acallar la relación y reificar el Tú hasta tornarlo un Ello. No se trata sólo de una llamada que suponga la búsqueda de respuesta, al modo de una pregunta teórica, sino de una llamada revestida de autoridad por su nota ética. Sin un imperativo que involucre la respuesta ética, restará con no silenciar al otro, con un permitirle constituirse como Ello.

Finalicemos este punto con algunas referencias al *entre*. Contrario al odio o al mal, el amor para Buber "no se adhiere al Yo como si tuviese al Tú sólo como 'contenido', como objeto, sino que está *entre* Yo y Tú".[68] Ahora bien, ¿a qué se refiere este *entre*?

Recurramos de nueva cuenta al ya referido *¿Qué es el hombre?*, ahí se ha dejado la siguiente constancia de este concepto:

> Para llegar a la intuición sobre la que montar el concepto del "entre" tendremos que localizar la relación entre personas humanas no como se acostumbra en el interior de los individuos o en un mundo general que los abarque y determine si no, precisamente y

---

[67] *Ibídem*, 17.
[68] Buber, M. *Yo y tú*, 21.

de hecho, en el "entre". No se trata de una construcción auxiliar *ad hoc* sino del lugar y soporte reales de las ocurrencias interhumanas; y si hasta ahora no ha llamado particularmente la atención se debe a que, a diferencia del alma individual y del mundo circundante, no muestra una continuidad sencilla sino que vuelve a constituirse incesantemente al compás de los encuentros humanos; de ahí que lo que de derecho le correspondía se haya atribuido, sin la menor cavilación, a los elementos continuos alma y mundo.[69]

El "entre" es una protocategoría.[70] Aquello que ocurre como encuentro real "no ocurre en uno y otro de los participantes ni tampoco en un mundo neutral que abarca a los dos y a todas las demás cosas, sino, en el sentido más preciso, 'entre' los dos, como si dijéramos, en una dimensión a la que sólo los dos tienen acceso",[71] por lo que, continuará líneas más adelante:

---

[69] Buber, M. *¿Qué es el hombre?*, 147.

[70] Señalado así por el mismo Buber: "Esta esfera, que como ya está plantada con la existencia del hombre como hombre pero que todavía no ha sido conceptualmente dibujada, la denomino la esfera del 'entre'. Constituye una protocategoría de la realidad humana, aunque es verdad que se realiza en grados muy diferentes. De aquí puede salir esa 'excluida alternativa genuina'" (*ídem*).

[71] *Ibídem*, 148.

> La situación dialógica es accesible sólo ontológicamente. Pero no arrancado de la óntica de la existencia personal ni tampoco de la de las dos existencias personales, sino de aquello que, trascendiendo a ambas, se cierne "entre" las dos [...]. Más allá de lo subjetivo, más acá de lo objetivo, en el "filo agudo" en el que el "yo" y el "tú" se encuentran se halla el ámbito del "entre".[72]

Con esto, nuestro autor se plantea ajeno a remitir el Yo-Tú a estructuras psíquicas o meras convenciones sociales, ubicando su punto eminente en el "entre" que no depende de los involucrados, por el contrario, que los involucrados puedan expresar la palabra básica Yo-Tú depende del "entre" como una condición necesaria. No obstante, este elemento le valdrá la crítica (aunque quizá no del todo justificada) de Emmanuel Levinas, quien ahí encontrará motivos para ver la totalidad en la obra de Buber.

Recuperar la relación para recuperar a la persona

La propuesta de Buber recorre y plantea una serie de tópicos importantes para la tradición del personalismo dialógico; sin embargo, igualmente genera algunas dificultades en su abordaje, pues desplaza a otros autores sin profundizar en su méri-

---

[72] *Ibídem*, 149.

to.[73] Con el "entre" sitúa la condición de posibilidad fuera de los individuos, aunque en relación con ellos, aborda la temporalidad y una crítica al conocimiento objetivo y las formas de relación con él asociadas, rasgos que parecen recorrer a los autores abocados al pensamiento del Tú, sin por esto carecer de originalidad en la forma de su abordaje.

La forma de su planteamiento, sin la obsesión por la generación de un nuevo lenguaje filosófico, no obstante aportar suficientes elementos al mismo, y con un estilo que, sin apegarse a la academia ni a la crítica del estilo académico, pareciera a momentos demasiado sencillo, pudo haber colaborado a su consideración como un autor de segundo grado especialmente tras la propuesta levinasiana que aboga por una reconstrucción del lenguaje y estilo filosófico, precisamente, a partir de la alteridad. Pese a lo anterior, su influjo ha encontrado encauses fuera de la academia filosófica en, por ejemplo, la psicología humanista de Carl Rogers.

Su importancia para el personalismo deviene del planteamiento dialógico y la recuperación del Yo-Tú frente al Yo-Ello que marca su obra, en otras palabras, esto supone plantear una recuperación de la persona en su dimensión relacional. Esto ha llevado a que los principios de su propuesta permeen

---

[73] Sucede esto respecto de Feuerbach, Kierkegaard y Cohen, por mencionar a algunos. Cfr. "Para la historia del principio dialógico" en Buber, M. *El camino del ser humano y otros escritos.*

igualmente en espacios de reflexión educativa y en la psicología humanista frente a los principios mecanicistas y reduccionistas de otras propuestas de la época.

Recuperado el Yo-Tú de la abstracción y las mediaciones teórico-conceptuales y prácticas, la propuesta de Buber aboga por el encuentro como principio para el filosofar y, con mayor propiedad, para la vida y el surgimiento de la persona como tal. Cerremos estas líneas con una cita del autor mismo:

> El Yo de la palabra básica Yo-Ello aparece como ser individual, y llega a hacerse consciente como sujeto —del experimentar y del usar—. El Yo de la palabra básica Yo-Tú aparece como persona y llega a hacerse consciente como subjetividad —sin genitivo dependiente—. [...] La persona aparece cuando entra en relación con otras personas.[74]

---

[74] Buber, M. *Yo y tú*, 57-58. Los puntos y seguido, en el original, son punto y aparte.

REFERENCIAS BIBLIOGRÁFICAS

Biblia de Jerusalén

Buber, M. "Diálogo". En: Buber, M. *Yo y Tú y otros ensayos*. Lilmod. 2006.

— *El camino del ser humano y otros escritos*. Fundación Emmanuel Mounier. 2004.

— *Imágenes del bien y del mal*. Lilmod. 2006.

— *¿Qué es el hombre?* Fondo de Cultura Económica. 2002.

— *Yo y Tú*. Caparrós. 1998.

Calles, R. "Martín Buber: Una alternativa para nuestra época". En: Buber, M. *Imágenes del bien y del mal*. Lilmod. 2006

Fackenheim, E. L. *Reparar el mundo*. Sígueme. 2008.

3. CONTRA LA MEDIATIZACIÓN DEL OTRO EN LA CONCIENCIA. UNA APROXIMACIÓN A LA PROPUESTA LEVINASIANA

Introducción

En el concepto de persona aparece como una de sus notas la capacidad relacional, aspecto que valdría para justificar la proximidad de Emmanuel Levinas y su propuesta de la alteridad con el personalismo, no obstante, los puntos de encuentro son variados. En este sentido, la propuesta del lituano francés, circunscrita por el posicionamiento del otro en la filosofía y el planteamiento de la ética como filosofía primera, aumentan la proximidad con la vertiente personalista del siglo XX.

La guía metódica del trabajo levinasiano es la fenomenología y uno de los principales interlocutores a quien dirige su crítica es Heidegger, también en este sentido se encuentran muy presentes Husserl y Hegel. Por su parte, indicó (a momentos de un modo demasiado velado) la influencia de Rosenzweig, en quien basa muchas de sus propuestas; mientras que evidenció la veta judía y la novela rusa de Dostoyevski como presencias y apoyo de su trabajo.

En las líneas que siguen se brindará una aproximación a los conceptos de *totalidad* e *infinito*, como crítica y propuesta de Levinas, en dirección a considerar el posicionamiento de la ética ante la ontología y en su propósito de evitar la mediación del otro en la conciencia. A tal precederá una breve semblanza del autor y algunas notas que nos permitan comprender la preeminencia de su pensamiento, mientras que le seguirán unas más para cerrar con miras a sintetizar puntos concretos relacionados con el personalismo.

Semblanza

Emmanuel Levinas nació en Kaunas, Lituania, el 12 de enero de 1906. Hijo de Jehiel Levinas y Debora Gurvic, fue el mayor de tres hijos. Debido a la tradición judía de la familia, aprendió hebreo y arameo, además de estudiar el Talmud desde temprana edad.

A causa de la Primera Guerra Mundial, su familia emigró a Ucrania, donde permanecieron hasta que la revolución bolchevique llegó, por lo cual retornaron a Lituania en 1920. Se trasladó a Francia en 1923, donde conoció a Blondel y en 1927 a Blanchot, mientras que a su traslado a Friburgo en 1928 cursó estudios con Husserl y conoció a Heidegger. Continuó sus estudios en La Sorbona, donde conoció a Léon Bruschvincg y asistió a las conferencias de Kojève sobre Hegel. Tuvo aproximaciones a la filosofía concreta promovida por Gabriel

Marcel y Jean Wahl, así como al personalismo, asistiendo a las reuniones que organizaba el primero y colaborando con la revista *Esprit* de Mounier.

Consiguió la nacionalidad francesa en 1931 y, cuatro años más tarde, nació su hija Simone. Por estos años se encuentra con *La estrella de la redención*, obra de Franz Rosenzweig, que ejerció notoria influencia en el ahora lituano-francés.

Fue reclutado como intérprete durante la Segunda Guerra Mundial, cayendo prisionero en Rennes y permaneciendo en un campo de concentración (para prisioneros de guerra, no de exterminio) en Hannover. La familia que había permanecido en Lituania fue exterminada en su mayoría, en tanto que su esposa e hija sobrevivieron al haber sido ocultadas en un monasterio.

En 1949 murió su segunda hija, Eliana, y nació su hijo Michaël Levinas quien se formó como compositor y pianista. En 1961 salió a la luz *Totalidad e infinito*, su obra más representativa, en la cual da continuidad a obras previas y al análisis fenomenológico que seguía de Husserl y Heidegger. Ambos repercutieron de forma notoria en su pensamiento, fue especialmente crítico con el segundo, mientras que del primero tradujo algunas de sus obras al francés.

Tras legar una importante herencia filosófica, Emmanuel Levinas murió en París el 25 de diciembre de 1995. Su influencia, diversificada en múltiples pensadores y ámbitos, ha sido camino para, entre otros, los allegados al personalismo.

Algunas notas precedentes

En su crítica a la modernidad, Levinas sigue los pasos que diera Descartes con la tradición previa, por ello cuestiona a la filosofía precedente y la engloba bajo algunas pinceladas, a no ser que pueda recuperarla para su crítica o reinterpretada bajo sus propios términos. Al hacer esto, por lo menos en sus obras más importantes, deja en claro su toma de distancia de diversos autores, salvo en excepciones, y poco abona a señalar lo que recupera de sus fuentes.

En general, la reflexión levinasiana supone la lectura de Hegel, Husserl y Heidegger. Sin embargo, es preciso señalar que a la apropiación de éstos subyace Spinoza. Si bien el lituano-francés parece oponerse a dichos autores, también es cierto que los convierte en la base desde la cual su reflexión se torna comprensible e, incluso, posible. Aunque Levinas toma distancia de los citados, en ellos encuentra un cimiento metodológico y conceptual que los convierte en supuestos necesarios. Asimismo, criticó al comunitarismo y al individualismo, principalmente los cifrados por el comunismo y por el existencialismo. No obstante, también planteó una separación de autores como Buber y Marcel, quienes ya planteaban la relación en sus propuestas.[75]

Una rara suerte corrió Rosenzweig, pues aunque fue reconocido en las primeras páginas de *Totalidad e infinito*;[76] este señalamiento hace las veces de un reconocimiento velado, pues ante la escasa difusión de las obras del autor de *La estrella de la redención* en aquel momento, resultó complicado considerar la deuda levinasiana en ese entonces. Sólo en posterior, tras las indicaciones del propio Levinas y la recuperación de la obra de Rosenzweig, mediada por otros estudiosos y las referencias de Walter Benjamin, se han clarificado rasgos de su influencia y presencia.

Partamos, empero, de Spinoza, para ubicar algunos conceptos que permitirán abonar a la comprensión de la propuesta levinasiana. Spinoza ha planteado y definido el *conatus* al in-

---

[75] Otro tanto puede decirse respecto de Kierkegaard, a quien Levinas interpretó mediante la obra *Temor y temblor* signada bajo el seudónimo Johannes de Silentio, figura a la que el danés parece ser reducido y por la cual en posterior se le indicarán varios reproches fuertes venidos de esta pauta (abordo algunas notas al respecto en Evangelista-Ávila, José L. *La determinación externa: Kierkegaard y Levinas*). Feuerbach y Cohen también figuran poco directamente, mientras que la lectura general de Levinas parece situar a los autores en planteamientos que no lograron concretarse, faltos de radicalidad o atrapados en lo que considera yerros como es la simetría en Buber.

[76] Cfr. Levinas, E. *Totalidad e infinito*, 54.

dicar que *"cada cosa se esfuerza, cuanto está a su alcance, por perseverar en su ser"*,[77] de modo que la ética surgirá de aquello que permita u obstruya dicha permanencia de los entes. A esta consideración ética centrada en la permanencia en el ser propio parece retornar, de modo directo o indirecto, no sólo la reflexión ética y su praxis, sino todo esfuerzo filosófico y extra-filosófico posterior. El *conatus* permea toda existencia y Levinas lo encontró en las propuestas de Hegel, Husserl y Heidegger, por lo cual criticó que "la filosofía es una egología":[78] No hay salida de sí mismo y la pretendida ética deviene en una extensión de este esfuerzo por la permanencia en el ser, en consecuencia, no hay un encuentro con el otro.[79]

El pensamiento, ceñido por el *conatus* es considerado por Levinas bajo la imagen de Ulises, destinado a retornar siempre a sí mismo,[80] a la que contrapondrá la imagen de Abraham, es-

---

[77] Spinoza, B., Ética demostrada según el orden geométrico, 203 (Proposición VI de la Tercera parte). En este y posteriores casos, las cursivas son del original. Puede complementarse el texto citado con la proposición siguiente: *"El esfuerzo con que cada cosa intenta perseverar en su ser no es nada distinto de la esencia actual de la cosa misma"* (204).

[78] Levinas, Emmanuel. *Totalidad e infinito*, 68.

[79] Cohen había realizado ya una crítica a la compasión como principio de la ética en Schopenhauer, pues con ella no se logra descubrir al prójimo (Cfr .*La religión desde las fuentes del judaísmo*, 108-109).

[80] Se trata "del pensamiento encerrado en sí mismo, a pesar de todas sus aventuras, al fin de cuentas, puramente imaginarias o corridas como por Ulises, para retornar a su casa" (*Totalidad e infinito*, 53).

pecialmente la de su llamado.[81] El primer recorrido, de sí hacia sí como proceso de autoconciencia es encontrado por el pensador de la alteridad como el que signa a la tradición filosófica y encuentra uno de sus puntos culmen en la obra hegeliana, tendiente a una totalidad que considerará únicamente aquello que pueda concebir, conocer.

El sujeto reconoce la exterioridad en medida en que la integra a sí, esto es, en cuanto la concibe como parte de su propia identidad en la medida en que logra totalizarla. En la lectura levinasiana, a la conciencia como a la historia les subyace la violencia. Al modo en el cual lo plantea Hegel, el avance de la consciencia y la historia suponen que "una gran figura que camina, [y] aplasta muchas flores inocentes, destruye por fuerza muchas cosas".[82] Este proceso de erradicación de la alteridad posee otro supuesto: una justificación que integra todo en su avance.

La totalidad surge como violencia y poderío, involucra una sistemática supresión del otro para reducirlo a la identidad. Esta violencia atravesará de la aprehensión teórica a la posibilidad del aniquilamiento del otro, aun en el caso de dotarlo de "reconocimiento", con ello, se le totaliza, caso contrario, en la ausencia de reconocimiento, se gestarán las condiciones por

---

[81] Señalado en Génesis 12, 1: "Yavé dijo a Abram: «Deja tu país, a los de tu raza y a la familia de tu padre, y anda a la tierra que yo te mostraré»".
[82] Hegel, G. W. F *Lecciones sobre la filosofía de la historia universal*, 168.

las cuales sea eliminado. En cualquier caso, la negación teórica de la alteridad precede al exterminio fáctico.

El *cogito*, y con él la modernidad, es planteado como un proceso de actividad donde, tras la autoconciencia, el otro aparece como un problema, externo, que ha de ser asimilado en el avance de la conciencia la cual, al modo de Ulises, es una salida que retorna a sí, favorecida por los dioses, en el beneplácito del gozo y tras las conquistas, sin importar las formas por las cuales haya logrado posicionarse.[83]

Si bien puede hablarse de modernidades, también podemos indicar un punto de convergencia ya expuesto por Foucault:

> Teniendo como referencia el texto de Kant [*¿Qué es la ilustración?*], me pregunto si no se puede considerar la modernidad como una actitud más que como un periodo de la historia. Y por actitud quiero decir un modo de relación respecto a la actualidad; una elección voluntaria que hacen algunos; en fin, una manera

---

[83] Recordemos las líneas que dedica MacIntyre (*cfr. Historia de la ética.* "Cap. 2. La historia prefilosófica de 'bueno' y la transición a la filosofía") a reflexionar sobre Homero y el planteamiento de una "virtud" vinculada con la realización de lo que correspondía hacer a los héroes, sin por esto involucrar un trasfondo que hoy ubiquemos como "ético" o "moral". De modo que esto, desde la perspectiva levinasiana, quizá sería todavía un móvil, aunque menos claro, de la ética: la conciencia, según se ha signado en filosofía, realiza en su retorno a sí lo que le resulta propio y este recorrido lo califica como "virtuoso" a partir de estructuras que ella misma crea.

de pensar y de sentir, una manera también de actuar y de conducirse que, simultáneamente, marca una pertenencia y se presenta como una tarea. Un poco, sin duda, como eso que los griegos llamaban un *ethos*.[84]

Tomando un poco de distancia de Foucault, esta actitud, este modo de relación respecto de la actualidad, se encuentra cifrada en la actividad del sujeto, en su capacidad. También en conceptos kantianos, se plantea que la conciencia se encuentra dotada de las condiciones de posibilidad para su desarrollo pleno; no obstante, Levinas planteará que, respecto del otro, no es así, so pena de negarlo al integrarlo en la totalidad.

La pregunta por las condiciones de posibilidad del conocimiento posee una amplia tradición. Uno de sus detonantes se encuentra en el diálogo platónico *Menón*, donde fue planteada la paradoja implicada en la búsqueda del conocimiento,[85] aspecto aprovechado por el Sócrates de Platón para traer a colación la reminiscencia como alternativa a la disyuntiva. Este problema tiene también un desarrollo formal en *Migajas filosóficas*, donde Johannes Climacus (seudónimo kierkegaardia-

---

[84] Foucault, M. *Sobre la ilustración*, 81.

[85] Platón, *Menón*, 80e. Ahí Sócrates señala: "Comprendo lo que quieres decir, Menón. ¿Te das cuenta del argumento erístico que empiezas a entretejer: que no le es posible a nadie buscar ni lo que sabe ni lo que no sabe? Pues ni podría buscar lo que sabe —puesto que ya lo sabe, y no hay necesidad alguna entonces de búsqueda—, ni tampoco lo que no sabe —puesto que, en tal caso, ni sabe lo que ha de buscar—".

no) planteó la bifurcación entre lo socrático y lo cristiano, es decir, entre la posibilidad de encontrar la verdad (en un sentido existencial) y el bien en sí (en la identidad del sujeto) o, por el contrario, situarse en condición de no-verdad y pecado, haciendo necesaria la intervención de un Absoluto diferente que las permita e, inclusive, dote de la condición de posibilidad para las mismas.[86] Sin hacer una referencia explícita a los anteriores, Levinas apela a que es el otro quien se revela y permite al mismo una salida de sí, pero para ello se hace necesaria una respuesta de carácter ético a esa revelación.

La actitud activa involucra la posesión de las condiciones de posibilidad y se encuentra en prácticamente todo desarrollo moderno y posterior, ya sea algo evidente o de forma implícita. Tomemos, por ejemplo, a *Ser y tiempo*, con quien Levinas mantiene un diálogo constante. En el §2 de dicha obra, Heidegger plantea que "todo preguntar es una búsqueda. Todo buscar está guiado previamente por aquello que se busca",[87] mientras que en el §5 sanciona que "este ente se enfrenta con dificultades peculiares, que a su vez se fundan en el modo de ser del objeto temático y del comportamiento tematizante mismo, y no es una deficiente dotación de nuestra facultad de conocer".[88] En estas líneas puede encontrarse la referencia a la inmanencia que guía la precomprensión del ser, puesto que el

---

[86] Cfr. Kierkegaard. S. *Migajas filosóficas o un poco de filosofía*, especialmente "Capítulo I. Proyecto de pensamiento".
[87] Heidegger, *Ser y tiempo*, 26.
[88] *Ibídem*, 37.

Dasein cuenta con las condiciones de posibilidad para acceder al ser y a los entes por los cuales se pregunta y, en estas condiciones, hay ya una antesala de la respuesta por lo que resta efectuar las acciones necesarias para alcanzarla.

Distante de planteamientos como el previo, Levinas abordó el deseo metafísico y consideró que el acceso al otro sólo puede darse mediante su revelación, con ello niega la actividad del sujeto (o *Dasein*) que lo precede, así como de un preguntar que posea en sí la respuesta. Es en la revelación del rostro donde se evidencia la pasividad y la imposibilidad de hacer surgir al otro de sí mismo, se juega ahí la ética. Sin embargo, Levinas niega esta posibilidad de una relación ética a otros entes, carentes de rostro, y dejados a la actividad e inmanencia de sujetos que los integrarán en la totalidad. Así, con una dirección distinta a la fenomenología heideggeriana y la pregunta por la ontología, Levinas se abre paso a la reflexión por el otro y la ética.

En el "Prefacio" de *Totalidad e infinito*, su autor señaló: "La oposición a la idea de totalidad nos ha impresionado en *Der Stern der Erlösung* [*La estrella de la redención*] de Franz Rosenzweig, demasiado presente en este libro como para citarlo. Pero la presentación y el desarrollo de las nociones empleadas lo deben todo al método fenomenológico".[89] Se encuentran en esta cita, por una parte, lo ya enunciado sobre el reconoci-

---

[89] Levinas, E. *Totalidad e infinito*, 54.

miento general a Rosenzweig; por otra, la confesión levinasiana de su adhesión a la fenomenología. Valiéndonos de una generalidad similar, podría expresarse un paralelismo o analogía existente entre el trabajo de Levinas y el de Rosenzweig. Hay en Rosenzweig una crítica y oposición a la totalidad hegeliana, a partir de la forma en que surge el conocimiento y la identidad desde una perspectiva dialéctica (aunque no al modo de Hegel); tal como hay una crítica y oposición en *Totalidad e infinito* respecto de Heidegger y las condiciones de posibilidad de acceso al ser, realizada a partir de la pasividad frente al otro mediante el método fenomenológico (aunque no al modo heideggeriano). La respuesta de Levinas a Heidegger tiene su paralelo en la previa respuesta de Rosenzweig a Hegel.

Levinas recupera de Rosenzweig la oposición a la totalidad y el matiz ético que recubre esta crítica. Con ello se pone de manifiesto la violencia en el seno de la identidad, especialmente en la autofundamentación de los sujetos modernos, por lo que el camino de la reflexión levinasiana deviene una denuncia del olvido del otro en la tradición filosófica y una vindicación de su prioridad para la construcción del pensamiento, incluso, para plantear otra forma de pensamiento. De este modo, Levinas recupera la oposición a la tradición filosófica que va "desde Jonia hasta Jena"[90] y a la inacción venida de la primacía del ser,[91] pues, en palabras del lituano-francés: "La filosofía oc-

---

[90] Rosenzweig, F. *La estrella de la redención*, 52.
[91] Cfr. Rosenzweig, F. *El libro del sentido del sentido común sano y enfermo.*

cidental ha sido muy a menudo una ontología: una reducción de lo Otro al Mismo, por la mediación de un término medio y neutro que asegura la inteligencia del ser".[92] En la cita, Levinas da cuenta de su mirada sobre las tradiciones filosóficas monológica y dialógica; de la primera toma distancia por la reducción ontológica, de la segunda, por ubicarla en esa misma línea al adjudicarle la "mediación de un término medio".[93]

Años después escribió Giorgio Agamben: "ἀρχή en el sentido de origen y ἀρχή en el sentido de mandato [...] coinciden. Y esta íntima conexión entre comienzo y orden, envío y destinación[,] define la concepción de Heidegger de la historia del Ser".[94] Este aspecto, ya considerado a su manera por Rosenzweig y Levinas, convierte al primero en uno de los "avisadores del fuego" mientras que al otro en uno de sus testigos. Excesos como el de Auschwitz son, precisamente, la totalidad que Levinas denuncia y Rosenzweig temía; totalidad ubicada por ambos en ese origen, que es orden y comienzo, derivado de una ontología de la identidad, de la permanencia en el ser.

Al final de este breve recuento de relaciones e influencias en las lecturas levinasianas, quedan las referencias "no filosófi-

---

[92] Levinas, E. *Totalidad e infinito*, 67.

[93] En este sentido, señala una oposición, por ejemplo, al entre buberiano, la correlación de Cohen y la intersubjetividad y misterio de Gabriel Marcel, por enunciar a algunos.

[94] Agamben, G. *Teología y lenguaje. Del poder de Dios al juego de los niños*, 52. Cursivas del original.

cas" que enumeró el autor ante la pregunta expresa por los inicios de su pensamiento.[95] "Entre la Biblia y los filósofos, los clásicos rusos —Puschkin, Lermontov, Gogol, Turgueniev, Dostoievski y Tolstoi—, y también los grandes escritores de la Europa occidental y, en especial, Shakespeare".[96] La presencia de los enunciados es patente, en especial Dostoyevski a quien citó de forma directa (en especial a *Los hermanos Karamazov*) en torno a la culpabilidad/responsabilidad. Por su parte, de la Biblia señaló: "ha pertenecido en mi caso a esas experiencias fundadoras. Ha jugado, pues, un papel esencial —y en gran parte sin yo saberlo— en mi manera de pensar filosóficamente, es decir, de pensar dirigiéndose a todos los hombres".[97]

La Biblia hebrea dota a Levinas de contenidos, imágenes y conceptos, incluso de motivos, pues "se trata de traducir al griego [...] principios que la propia Grecia ignoraba".[98] Si Grecia da con el yo y la ontología como constitutivos del pensar filosófico, del hebreo proviene el otro y una tendencia ética del pensar, aspectos que requieren de traducción.

---

[95] Cfr. En Levinas, E. *Ética e infinito*, el apartado "1. Biblia y filosofía", pp. 23-33.

[96] Levinas, E. *Ética e infinito*, 24.

[97] *Ibídem*, 26.

[98] Levinas, E. *Más allá del versículo*, 267.

Aproximación a los conceptos
de totalidad e infinito en relación a la ética

Títulos de grandes obras del siglo XX se constituyen por la relación de dos conceptos, tenemos a *Ser y tiempo*, *Verdad y método*, *Ser y tener*, *Yo y tú*, y otros más, entre los cuales cabe enunciar a *Totalidad e infinito*, del autor que nos convoca. Estos dos conceptos devienen fundamentales a la propuesta levinasiana, pues comprenden los ejes de su crítica (a la totalidad) y de sus aportes (infinito) en cuanto base de la ética y de la revelación del otro.

La totalidad ya ha quedado subrepticiamente delineada en las líneas precedentes. Sin embargo, en la mancuerna de los conceptos que intitulan su obra principal, Levinas refirió:

> En la crítica de la totalidad que la misma asociación de esas dos palabras comporta hay una referencia a la historia de la filosofía. Esta historia puede ser interpretada como una tentativa de síntesis universal, una reducción de toda la experiencia, de todo lo que tiene sentido, a una totalidad en donde la conciencia abarca al mundo, no deja ninguna otra cosa fuera de ella, y así llega a ser pensamiento absoluto. La conciencia de sí es al mismo tiempo la conciencia del todo.[99]

---

[99] *Ética e infinito*, 63.

Si la conciencia de sí deviene conciencia del todo, ¿dónde queda la posibilidad de un más allá, de una metafísica? Levinas consideró que, de haber una metafísica, ésta deberá referirse a lo que es allende el sujeto, es decir, a la alteridad. No obstante, si el sujeto pregunta, dirige y alcanza el puerto de su cuestionar/responder nos encontraríamos todavía en la tradición filosófica griega donde la respuesta está determinada y se encuentra en quien se cuestiona, además de que en su actividad puede incorporar, como conciencia de sí, los "contenidos" con que se encuentre. En otras palabras, reincorporaría la alteridad a sí y, al totalizarla, negaría precisamente el estatuto de su alteridad. Para Levinas, la salida de sí no se encuentra permeada por la pregunta, sino por "el deseo metafísico [que] no aspira al retorno, puesto que es deseo de un país en el que no nacimos. De un país completamente extraño, que no ha sido nuestra patria y al que no iremos nunca. El deseo metafísico no reposa en ningún parentesco previo".[100]

Ya no se trata de Ulises que sale en búsqueda de aventuras, conocimiento, placer y motines para retornar a recuperar a la amada y las posesiones a las cuales incorporará el botín, sino de Abram que responde, sale por el llamado y no retorna ni queda el mismo, es aquel quien no solamente es abonado por las nuevas experiencias, por el contrario, es modificado en lo más propio: a Abram le será dado el nombre de Abraham.[101]

---

[100] Levinas, E. *Totalidad e infinito*, 58.

[101] Para la tradición bíblica el nombre señala lo propio de la persona; en este sentido, guarda cierta cercanía con la esencia griega. Sin embargo, no

La metafísica y su deseo se constituyen por el más allá de lo propio, frente al otro, donde resta la respuesta, una respuesta ética, capaz de desmontar la totalización de la conciencia. De ordinario, el Mismo se ubica en la actividad, de modo que "por el trabajo y la posesión, la alteridad de los alimentos entra en el Mismo".[102] Los alimentos son la forma que adquiere el mundo para el Mismo,[103] "son lo que caracteriza nuestra existencia en el mundo. Una existencia extática —estar fuera de sí—, pero limitada por el objeto".[104]

En la totalidad, los alimentos, aunque necesarios, se convierten en un engaño que busca poner en contacto a la subjetividad con una exterioridad, pero retorna a sí. Son "tan sólo una de las marcas del ser. No se trata de salir de la soledad, sino ante todo de salir del *ser*".[105] Estas líneas proceden de la entrevista que posteriormente se editó bajo el título de *Ética*

---

se trataría de un paralelismo exacto. Sin ahondar en el asunto, esta cercanía, que no negará sus importantes diferencias, permite ilustrar que en la respuesta, a Abram le va una modificación dotándole de un nuevo nombre, es decir, una transformación a profundidad ajena al autonombrarse de la modernidad.

[102] *Ibídem*, 148.

[103] Señala en *El tiempo y el otro*: "Lo que parece habérsele escapado a Heidegger [...] es que, antes que ser un sistema de útiles, el mundo es un conjunto de alimentos. La vida del hombre en el mundo no va más allá de los objetos que lo llenan" (102).

[104] *Ídem*.

[105] Levinas, *Ética e infinito*, 54.

e infinito; ahí prosigue Philippe Nemo "así, pues, la primera solución es la salida de sí que la relación con el mundo constituye en el conocimiento y en lo que usted llama los «alimentos»",[106] a lo que Levinas complementa:

Entiendo por tal todos los alimentos terrestres: los gozos por los cuales el sujeto engaña su soledad. La misma expresión de «engañar su soledad» indica el carácter ilusorio y puramente aparente de esa salida de sí. Por lo que concierne al conocimiento: éste es por encima una relación con lo que igualamos y englobamos, con aquello cuya alteridad suspendemos, con aquello que pasa a ser inmanente, porque es a mi medida y a mi escala. Pienso en Descartes quien decía que el *cogito* puede darse el sol y el cielo; lo único que no puede él darse es la idea de lo Infinito. El conocimiento es siempre una adecuación entre el pensamiento y lo que éste piensa. En el conocimiento hay, al fin y al cabo, una imposibilidad de salir de sí; por tanto, la socialidad no puede tener la misma estructura que el conocimiento.[107]

El deseo metafísico no ha de confundirse con la incompletitud y la carencia que tradicionalmente caracteriza al deseo ceñido por la totalidad, en este caso "tiende hacia lo *totalmente*

---

[106] *Ídem.*
[107] *Ídem.*

otro, hacia lo *absolutamente otro*".[108] Sin correlación reversible, sin retorno de la conciencia sobre sí habiendo obtenido el gozo de los alimentos, no hay totalidad posible en el deseo metafísico, sólo tendencia hacia fuera de sí, pero esta tendencia poco o nada puede hacer, no están en ella las condiciones de alcanzar aquello hacia lo que tiende, so pena de remitirse de nueva cuenta a la totalidad que, con su guía activa, dirige los alimentos para incorporarlos a sí.

El Mismo no logra poder ante su deseo metafísico. Sin develación posible que ofrecer al deseo metafísico, el Mismo es remitido a su pasividad, a su no poder. El otro, de haberlo, se revelará, posicionándose ante y antes que el Mismo: Es an-árquico. Esta an-arquía del otro propuesta por Levinas consiste en que el otro, por su revelación, se presenta antes que el Mismo se posicione a sí mismo en la autoconciencia, esto permite al otro clamar por una respuesta ética previa al *conatus*. El Mismo en pasividad y expuesto, es arrojado a su oquedad y vulnerabilidad puestas de manifiesto por el otro quien, en su revelación, ha eludiendo el poder del Mismo. Incapaz de preguntarse por él y de dirigirse a él, frente al otro sólo resta la posibilidad de la respuesta (ética) o su negación.

El otro se revela al Mismo en el rostro y si bien "cierto es que la relación con el rostro puede estar dominada por la percepción, [...] lo que es específicamente rostro resulta ser aquello

---

[108] Levinas, E. *Totalidad e infinito*, 57.

que no se reduce a ella".[109] La caracterización levinasiana del rostro es amplia y atraviesa una parte considerable de su obra, encontrando una expresión más amena y sintética en la entrevista ya citada (aunque con las desventajas que esto mismo implica en relación a la profundidad y detalle). Ahí presenta, tres puntos de referencia para su abordaje: irreductibilidad a la percepción, ruptura de la totalidad y dimensión ética.

El rostro, descrito por Alois Halder como "un fenómeno del No-fenómeno, que arranca toda fenomenalidad junto con sus diferenciaciones histórico-temporales",[110] traicionado en la medida en que es contemplado en sus detalles ("¡La mejor manera de encontrar al otro es la de ni siquiera darse cuenta del color de sus ojos! Cuando observamos el color de los ojos, no estamos en relación social con el otro"[111]), es donde se revela el otro, es significación y sentido, inabarcable por el mismo rostro físico, "todo el cuerpo, una mano, la curva de un hombre, puede expresar tanto como el rostro",[112] se caracteriza por ese constante "saltar incesantemente fuera de su imagen plástica",[113] por su expresión y revelación.

Esta inaprehensibilidad propia del rostro, así como su posicionamiento an-árquico, plantean una ruptura a la totalidad:

---

[109] Levinas, E. *Ética e infinito*, 71.
[110] Halder, A. "Heidegger y Levinas, uno en la pregunta del otro", 60.
[111] Levinas, E. *Ética e infinito*, 71.
[112] Levinas, E. *Totalidad e infinito*, 272.
[113] *Ídem.*

el rostro se revela. Si el deseo metafísico escapa al poder de la conciencia para satisfacerlo, es decir, para dotarlo de un contenido y retornar a sí, en el rostro se revela la conciencia relegada, pues el otro se posiciona antes de que la conciencia se posicione a sí misma. Hay una dislocación entre el Mismo y su *conatus* mostrada por el revelarse del otro y su rostro an-árquico. El "Prefacio" a *Totalidad e infinito* da cuenta de esto:

> Lo infinito no es primero para revelarse *después*. Su infinición se produce como revelación, como una puesta en *mí* de su idea. La infinición se produce en el hecho inverosímil en el que un ser separado, fijado en su identidad, el Mismo, el Yo contiene, sin embargo, en sí lo que no puede contener, ni recibir por la sola virtud de su identidad. La subjetividad realiza estas exigencias imposibles: el hecho asombroso de contener más de lo que es posible contener. Este libro presentará la subjetividad, recibiendo al Otro, como hospitalidad. En ella se lleva a cabo la idea de lo infinito.[114]

El otro, con su revelación, pone en el Mismo el infinito; hay una reminiscencia cartesiana en ello.[115] Sin embargo, antes que

---

[114] *Ibídem*, 52.

[115] La idea de lo infinito puesta en el Mismo por el otro hace eco de la tercera de las meditaciones metafísicas cartesianas, tanto como del Bien más allá del ser platónico. Ambos son referentes levinasianos, aspecto que declaró en *Ética e infinito*: "Para Descartes, hay en ello una de las pruebas de la existencia de Dios: el pensamiento no ha podido producir algo que

llamar a la contemplación, queda la apertura a la hospitalidad o, en su defecto, la negación de la alteridad. Dada la inaprehensibilidad propia del rostro, la relación que se pueda dar no será signada por el conocimiento (en tanto identidad y actividad) sino por la ética. Al rostro no se le aprehende, se le responde:

> la relación con el rostro es desde un principio ética. El rostro es lo que no se puede matar, o, al menos, eso cuyo sentido consiste en decir «No matarás». El asesinato, bien es verdad, es un hecho banal: se puede matar al otro; la exigencia ética no es una necesidad ontológica.[116]

Esta exigencia aparece antes de que el propio *conatus* y la conciencia sean puestas, reiteramos, de ahí su carácter an-árquico. En este desplazamiento no sólo se posiciona el otro ante el Mismo, sino que también ha de desplazar, en el discurso y la reflexión, a la ontología que había sido indicada como una "filosofía del poder" al constituirse como una "filosofía primera que no cuestiona el Mismo, [...] una filosofía de la injusticia".[117] Por el contrario, "al proferir el «no matarás». La esencia del discurso es ética".[118]

---

lo sobrepase; era preciso que eso fuese puesto en nosotros. Hay que admitir, pues, un Dios infinito que ha puesto en nosotros la idea del Infinito. Mas no es la prueba buscada por Descartes la que aquí me interesa" (77).
[116] *Ibídem*, 72.
[117] Levinas, E. *Totalidad e infinito*, 70.
[118] *Ibídem*, 229.

En esta ética el Mismo es rehén. En *Humanismo del otro hombre*, el autor lo sintetizó de la siguiente manera:

> A partir de la responsabilidad siempre más antigua que el *conatus* de la sustancia, más antigua que el comienzo y el principio, a partir de lo an-árquico, el yo vuelto a sí, responsable del Otro —es decir rehén de todos— [...], sin preocuparme de su responsabilidad con respecto a mí.[119]

Esta responsabilidad se concreta en el enunciado "no matarás". "O sea: no reducirás mi desnuda altruidad a la mismidad de tus esquemas de «apropiación», no me tendrás ni por medio ni por objeto".[120]

Levinas aboga para que el otro no sea convertido en un medio de la conciencia para apropiarse de sí misma, guardando con ello una cercanía con la propuesta kantiana.[121] Bajo esta perspectiva, el otro, antes que fin, es principio de la ética y de otra forma que ser.

---

[119] Levinas, E. *Humanismo del otro hombre*, 110-111.
[120] Duque, F. "Introducción", 35.
[121] En *Por una moral más allá del saber. Kant y Levinas* Catherine Chalier realiza un interesante abordaje de encuentros y desencuentros entre la postura de ambos autores.

Apuntes para el personalismo

Abogar contra la mediación del otro que subyace a la conciencia bastaría para colocar a Levinas en cercanía con el personalismo, tal como ha sucedido al presentar al filósofo de Königsberg como un antecedente del mismo, debido al principio ético que niega la mediación del otro. No obstante, restan unas palabras más al respecto.

Levinas puede ser ubicado entre las cercanías de un personalismo de fuente hebrea, sin embargo, su propuesta no encalla plenamente entre las filas personalistas. Para el lituano-francés, la consideración de persona corre el riesgo de convertirse, como ha sucedido con otros tantos conceptos, en una forma de mediación que permita la totalización de los involucrados, lo cual involucra la sustitución de la relación ética por una signada por la conciencia. No obstante, la reivindicación de la ética como filosofía primera y la consideración del otro brindan elementos que permiten aproximarlo y destacar la importancia de sus aportes en las cercanías de esta corriente.

La obra levinasiana dota de una fenomenología a la revelación del otro y a las implicaciones que esto trae para el Mismo; sí, en lo relativo a la relación ética, pero también en cuanto al reposicionamiento de diversas temáticas desplazadas por la ontología debido a la influencia heideggeriana. Al cuestionar la ontología como centro de la filosofía, se presenta también una crítica a la subjetividad (especialmente moderna) que se vincula con ella. Este proceder, a través de la fenomenología y el diálogo con sus exponentes, permitió recuperar al otro en la reflexión filosófica, aspecto que si bien se encontraba ya en otros autores, la propuesta de Levinas le dota de una notoriedad no lograda con anterioridad y ancla estas temáticas en la reflexión filosófica.

La radicalidad de su propuesta y de la ética de ella derivada se han convertido en referente del siglo XX, abriendo vías en el quehacer filosófico que múltiples autores han aprovechado. Tras Levinas, la reflexión por la alteridad se ha situado en el pensamiento filosófico. Incluso en oposición al mismo Levinas y como vía para incorporar a otros pensadores, generalmente desplazados por la tradición contemporánea.

Finalmente, cabe destacar que el influjo del autor de *Totalidad e infinito* en Latinoamérica ha tenido una notoria importancia, si bien no siempre de forma directa, sí mediante los movimientos que lo han apropiado. Ejemplo de lo anterior son las filosofías y teologías de la liberación, donde, a través de diversas ramificaciones y adaptaciones, su influencia ha permeado el pensamiento y el quehacer latinoamericano en los últimos años.

REFERENCIAS BIBLIOGRÁFICAS

Agamben, G. *Teología y lenguaje. Del poder de Dios al juego de los niños.* Las cuarenta. 2012.

Biblia de Jerusalén.

Chalier, C. *Por un amoral más allá del saber. Kant y Levinas.* Caparrós. 2002.

Cohen, H. *La religión de la razón desde las fuentes del judaísmo.* Anthropos. 2004.

Duque, Félix. "Introducción". En: Levinas, E. *El tiempo y el otro.* Paidós. 2004.

Evangelista-Ávila, José L. *La determinación externa: Søren Kierkegaard y Emmanuel Levinas.* Universidad Autónoma de Chihuahua. 2011.

Foucault, M. *Sobre la ilustración.* Tecnos. 2006.

Halder, A. "Heidegger y Levinas, uno en la pregunta del otro". En: *La lámpara de Diógenes.* Vol. 7. No. 12 y 13. Benemérita Universidad Autónoma de Puebla.

Hegel, G.W.F. *Lecciones sobre la Filosofía de la Historia Universal.* Tecnos.

Heidegger, M. *Ser y tiempo.* Trotta. 2012.

Levinas, E. *El tiempo y el otro.* Paidós. 2004.

— *Ética e infinito.* Visor. 2000.

— *Humanismo del otro hombre.* Siglo XXI Editores. 2005.

— *Más allá del versículo. Lecturas y discursos talmúdicos.* Lilmod. 2006.

— *Totalidad e infinito.* Sígueme. 2002.

Kierkegaard, S. *Migajas filosóficas o un poco de filosofía.* Trotta. 2004.

MacIntyre, A. *Historia de la ética.* Paidós. 2006.

Platón. "Menón". En: *Platón. Diálogos II. Gorgias. Menéxeno. Eutidemo. Menón. Crátilo.* España: Gredos. 2015.

Rosenzweig, F. *La estrella de la redención.* Sígueme. 2006.

Spinoza, B. *Ética demostrada según el orden geométrico.* Alianza. 2007.

4. APUNTES SOBRE LA FUENTE JUDÍA EN EL PERSONALISMO

Uno de los rasgos que une a Hermann Cohen, Franz Rosenzweig, Martin Buber y Emmanuel Levinas es la tradición judía. Sin embargo, el lector debe cuidarse de adjudicar una unidad monolítica a estos autores y en el credo judío, pues, como sucede con el cristianismo con el cual estamos más familiarizados, hay diversos tipos de judaísmo. Por otra parte, la proximidad de sus planteamientos es suficiente para alzar con ellos una disyuntiva: o Atenas o Jerusalén. Sin significar una filosofía de la religión ni una predica, y conscientes de una posible retroalimentación de ambas tradiciones, la puesta en evidencia de una herencia judía permite una mayor comprensión de sus planteamientos, tanto como de su crítica a la veta griega de la filosofía. Esto, debe quedar claro, no significa un intento por hacer de la filosofía una religión o de la religión una filosofía, sino considerar la retroalimentación mutua entre las diversas tradiciones. En este sentido, aunque las propuestas personalistas se nutren de raíces marcadamente cristianas, beben también de un diálogo, en ocasiones velado, con la tradición hebrea y la disyuntiva planteada.

En el presente se intentará ofrecer una breve presentación de Hermann Cohen y su discípulo Franz Rosenzweig, así como de Martín Buber y Emmanuel Levinas, teniendo en mira el judaísmo que corre de fondo a sus propuestas en cuanto eje de su crítica al principio único de la filosofía occidental, propio de la tradición griega.

Levinas planteó una traducción del hebreo al griego,[122] es decir, retomar los elementos filosóficos que pueden encontrarse en la religión judía y expresarlos a través de la filosofía. Con dicha traducción, se refirió a plantear las notas propias de la tradición judía en el lenguaje filosófico. Uno de los rasgos en que coinciden estos autores es la negativa a limitar la realidad a una totalidad, bien que más de un pensador de origen judío haya dejado de lado esta pauta en su intento de plantear un pensamiento asimilado a la filosofía imperante y, con ello, adquirir esta nota griega que remite al ἀρχή. Por su parte, "nosotros —escribió Rosenzweig en relación con los judíos— sabemos que la esencia de la verdad es estar partida".[123]

Cualquier presupuesto teórico genera algún tipo de práctica, así como aproximaciones, que nos ocultan o iluminan unos

---

[122] Recuperemos y extendamos las palabras ya citadas de su trabajo "Asimilación y nueva cultura", donde señaló que la tradición judía "necesita primero ser traducida al griego, griego que hemos aprendido gracias a nuestra asimilación en Occidente. Se nos impone la gran tarea de enunciar en griego estos principios que la propia Grecia ignoraba. La singularidad judía aún espera su filosofía. Ya no alcanza con la imitación servil de los modelos europeos" (en Levinas, E. *Más allá del versículo: Lecturas y discursos talmúdicos*, 291).

[123] Rosenzweig, F. *La estrella de la redención*, 486.

u otros rasgos, lo cual puede conllevar violencia. En este sentido, y siguiendo las huellas de Rosenzweig, Levinas indica cómo tras la eliminación en el pensamiento deviene una eliminación fáctica, pues reducido cuanto existe a la totalidad, se eliminan las subjetividades y los sujetos. Tanto como un discurso elimina a otro, sucede con las culturas y los individuos cuando sólo tiene cabida la totalidad.

En las ramas veterotestamentarias del personalismo aparecen Rosenzweig, Buber y Levinas, entre otros.[124] No obstante, antes de aproximarnos a esta veta, dediquemos unas líneas al alemán Feuerbach, padre del humanismo ateo, quien ha aportado al materialismo crítico, así como a las teorías del sensualismo, pero también a la corriente filosófica aquí enunciada. Entre sus obras, se tienen la conocida *Esencia del cristianismo* (1841) y, la menos difundida, *Principios de la filosofía del futuro* (1843), esta última dividida en parágrafos (modo por el cual será referida) donde expresó la necesidad de reformular la filosofía. Ahí propuso volver a un estrato sensorial desde el cual pensar la filosofía en la relación yo y tú.

En su crítica al cristianismo, Feuerbach planteó que el sujeto descubre en sí, a través de la conciencia y en su trato con el otro, elementos que a causa de su egoísmo relega fuera de sí y objetiviza en lo divino. En ello reside la alienación. En el caso

---

[124] Ver los árboles genealógicos del personalismo, retomados de Carlos Díaz y citados al inicio de este trabajo.

del atributo divino de la omnisciencia, por ejemplo, el autor indicó que la humanidad, idealmente y como sucede con el ideal ilustrado, pude conocer el todo en cuanto humanidad, sin embargo, ninguno puede hacerlo por sí mismo. Luego, el sujeto desplaza aquella posibilidad de conocer el todo para convertirla en un atributo divino: Dios es omnisciente. Al hacer esto, "el hombre afirma en Dios lo que niega en sí mismo".[125]

Para Feuerbach, por la alienación se genera una entidad abstracta a la cual se denomina Dios. Al afirmar a Dios, el sujeto se niega a sí mismo, niega al otro y al conjunto humano en la medida en la cual los atributos son adjudicados a aquella invención. Frente a la alienación, el autor propuso considerar un antropoteísmo, esto es, la emergencia de notas o atributos divinos en la relación del yo con el tú. En proximidad al versículo bíblico de Mt. 18, 20, también para el autor de *La esencia del cristianismo* es en el encuentro del yo con el tú donde surgen las notas divinas en lo humano:

> El hombre particular para sí no tiene la esencia del hombre ni en sí como ser moral, ni en sí como ser pensante, la esencia del hombre reside únicamente en la comunidad, en la unidad del hombre con el hombre, una unidad que, empero no reposa sino en la realidad de la diferencia entre el yo y el tú;[126]

---

[125] Feuerbach, L. *La esencia del cristianismo*, 77.

[126] Feuerbach, L. *Principios de la filosofía del futuro*, §59. En: Feuerbach, L. y K. Marx. *La filosofía del futuro. Tesis sobre Feuerbach.*

y, líneas antes,

> la representación humana de Dios, es la representación del individuo humano de su género; Dios como compendio de todas las realidades y perfecciones no es otra cosa sino el compendio resumido para beneficio del individuo limitado, de las propiedades del género repartidas entre los hombres y que se realizan en el curso de la historia universal.[127]

En continuidad con lo anterior, señaló: *"La verdadera dialéctica no es un monólogo del pensar solitario consigo mismo, sino un diálogo entre el yo y el tú"*.[128] Este último parágrafo hace una alusión a Hegel, quien ubicaba una dialéctica venida del pensamiento solo, no obstante, lo que importa aquí es señalar uno de los comienzos del principio dialógico: la reformulación de la filosofía sucede por la relación del yo con el tú. También en estos años, desde Copenhague, Dinamarca, Kierkegaard proponía que la relación no se limita al yo y tú, sino que el individuo también guarda relación consigo mismo, se trata, además, de una relación puesta por lo divino (con quien también se guarda relación) y es, en el entrecruce de estas relaciones, donde surge la subjetividad.[129]

---

[127] *Ibídem*, §12.

[128] *Ibídem*, §62.

[129] *Cfr.* Kierkegaard, S. *La enfermedad mortal*, 33-34.

Hermann Cohen y Franz Rosenzweig

Herman Cohen (1842-1918) fundó la escuela de Marburgo, cuya propuesta incluía una recuperación de las posturas kantianas para confrontar el idealismo alemán. Empero, las aportaciones que más nos interesan son las reflexiones de Cohen en sus últimos años en dicha escuela y tras haberse retirado de la misma. Tal pensamiento, más que una continuación de la lectura kantiana, es una propuesta desde las fuentes del judaísmo con la cual da respuesta a la gesta de leyes antisemitas en Alemania. A partir de entonces, Cohen reflexionó sobre la figura del prójimo en el Antiguo Testamento para fundamentar cómo el judaísmo es origen de un pensamiento capaz de incluir al otro y reflexionar sobre las condiciones políticas de un Estado que permita la convivencia de diversas culturas y credos, para ello recuperó el concepto bíblico del "noájida".[130]

En 1915 publicó *El concepto de religión en el sistema de la filosofía* bajo la pregunta por la posibilidad de incluir el concepto de religión en el sistema de la filosofía y sus consecuencias. Partió de su herencia kantiana, pues, tal como *La crítica de la razón práctica* supone una modificación a las conclusiones y desarrollos expresados en *La crítica de la razón pura*, Cohen supone que la inclusión de la religión como vía para el recono-

---

[130] En *La religión de la razón desde las fuentes del judaísmo* expresó: "...el noájida viene a unirse al trabajador extranjero [...]. Éste completa a los hijos de Israel. El hijo de Noé descansa sobre el presupuesto de que la revelación, de que la religión no comenzó con la revelación del Sinaí" (257).

cimiento e integración de la presencia del otro en la reflexión involucraría modificaciones en el modo de pensar *puro*. Con esto, propuso el encuentro con el otro a la conciencia y la necesidad de modificaciones a la razón pura y a la razón práctica. El reconocimiento de la existencia fáctica de los otros supone un cambio en el pensar crítico, ética incluida. El pensamiento no está aislado, a no ser por una negación de las realidades que lo circundan. Sin embargo, ¿esto implica que hay otra orientación de la conciencia? No, con propiedad se trata de una peculiaridad a la cual Cohen denominó "religión" e implica el concepto de correlación, es decir, en tanto individuos, no estamos solos y debemos pensar en tanto que estamos con otros.

En el contexto dado por estas publicaciones de Cohen, aparece en posterior *La religión de la razón desde las fuentes del judaísmo*, obra póstuma compilada por Franz Rosenzweig. En ella se profundiza en la correlación y afirma que ésta no se encuentra en Grecia, pues su principio no se ubica en la tradición filosófica, sino que es un aporte propio del judaísmo. ¿Cómo pensar la filosofía desde el judaísmo? ¿Cómo pensar la ética? A partir de la correlación, Cohen postuló que las preguntas filosóficas deben cambiar, pues no sólo se trata de lo que corresponde hacer para consigo mismo o en la conformación propia, sino que hay que ver los problemas concretos que aquejan a las comunidades: es preciso enfocarse en los problemas sociales. En consecuencia, el problema que la ética debe tratar es la pobreza, pues de la pobreza deviene el problema fundamental de las sociedades y el origen del sufrimiento concreto, social;[131] mientras que los problemas filosóficos asociados a la muerte y a la pregunta por el bien devienen preguntas místicas surgidas de una razón centrada en el goce de sí misma.[132]

Al atender al otro, Cohen se niega a plantear el problema de la empatía. Criticó a Schopenhauer y Spinoza, en cuyas posturas considera que se oculta el egoísmo en la medida en la cual atender a los problemas del otro es atender la problemática propia en tanto se convierten en meras extensiones de sí mismo.[133] En el lenguaje bíblico, esto nos plantea una atención fundamental a los profetas, no en los sabios (filósofos), pues

---

[131] Cuando Cohen plantea el significado ético, se desentiende de la reflexión sobre la muerte para indicar *"La pobreza es la principal representante de la desgracia humana. El mal físico se convierte así en mal moral"* (*ibídem* 103; con cursivas del original). En ello puede verse una contraposición a la concepción ética griega y "el sentido que la palabra tenía cuando hizo su aparición en las escuelas filosóficas griegas, 'doctrina de la felicidad'" (Agamben, G. *La potencia del pensamiento* 268).

[132] Frente al pensamiento sobre la muerte y su carácter metafísico, Cohen posiciona la reflexión verdaderamente ética respecto a la enfermedad "... la *muerte* es un mal metafísico, y que los místicos cavilen sobre su causa o posible derrota. Este no es un tema para moralistas y, por tanto, tampoco para la verdadera religiosidad. Otra cosa ocurre con la *enfermedad*, pues ésta pertenece al capítulo de la cuestión social. Pues la prosperidad o la adversidad social son las que se relacionan prácticamente con la diferencia ética. Como ésta no es indiferente, así tampoco pueden ser indiferentes la prosperidad o la adversidad social" (*La religión de la razón desde las fuentes del judaísmo* 103; las cursivas proceden del original).

[133] *Cfr. ibídem*, 106 ss.

el profeta no plantea una respuesta para su salvación individual, sino responder a lo que aqueja al pueblo.[134] Por consiguiente, una vez aceptada la peculiaridad dada por la religión, la ética se vincula de modo indisoluble y sin subordinación con la política.

De igual manera, en la propuesta de Cohen puede plantearse un mesianismo intrahistórico en la medida en que su propuesta planteó generar en la tierra las condiciones para la aparición del mesías, el cual no vendría a salvar a la humanidad, sino a confirmar el espacio de justicia en donde sea posible que Dios se haga presente. Pensar la salvación de otro modo, junto con la preocupación por el "más allá" que suele acompañarla, representaría un nuevo entretenimiento de una razón egoísta. Antes que una vida extra mundana, importa generar las condiciones terrenas para la justicia y la justicia misma.

En el criticismo y el idealismo, Cohen encontró un pensamiento que, tras negar aquello que es pensado, se reduce al concepto y cierra la posibilidad de un retorno a las presencias fácticas dadas a los individuos. En el caso de la comprensión

---

[134] Puede considerarse, por ejemplo, lo expuesto por Cohen en *La religión de la razón desde las fuentes del judaísmo*, donde escribió: "La superioridad moral del profetismo consiste en que no mide ni pondera la diferencia entre bien y mal de acuerdo con las distinciones subjetivas, entre las cuales se cuenta asimismo la enfermedad y la muerte, sino completa y exclusivamente en función de las contradicciones sociales que desquician el equilibrio de la sociedad" (102).

de la ética como la construcción de sí, la búsqueda de una vida feliz o el actuar en lo propio, propias de la tradición griega, la reflexión filosófica olvida la existencia fáctica del otro y sus implicaciones para la razón, motivo por el cual la razón puede reducirse al pensamiento de sí. Ahí es donde tienen cabida los problemas de la muerte y la construcción de sí en detrimento del otro quien, sistemáticamente, es dejado fuera del pensamiento. El judaísmo, entendido desde la práctica de los profetas, permite volver a situar la ética y la política ante el noájida, es decir, el extranjero, especialmente aquél reducido por la (condición de) pobreza.

Discípulo de Cohen fue Franz Rosenzweig, importante influencia en Emmanuel Levinas y Walter Benjamin, así como en otros autores quienes no siempre expresan esta fuente. Perteneció a una familia asimilada, "judíos de nombre" por señalarlos de manera más coloquial. Pensó en convertirse al catolicismo, sin embargo, al pasar por una sinagoga quedó conmovido por la predicación que se hacía y decidió dar una oportunidad al judaísmo. Ahí conoció a Hermann Cohen y desistió de convertirse, bien que guardó por siempre un respeto hacia el cristianismo. Por otra parte, sí desistió de la filosofía vigente representada por el idealismo, especialmente en los años que rodearon a la Primera Guerra Mundial. De esta toma de distancia surgió *La estrella de la redención*, escrita durante el conflicto bélico y sus inmediaciones.

En el eje de su crítica, Rosenzweig increpó a la tradición filosófica su orbitar en cuestionamientos que suponen la reducción de la multiplicidad al uno, reflejo de lo cual es la pregunta que signa el origen la filosofía, esto es, la pregunta por el ἀρχή. Rosenzweig negó que la reducción sea posible, incluso si la historia de la filosofía se ha presentado como intentos sucesivos de reducción: sea una reducción cosmológica al modo de la filosofía griega clásica, a lo divino en el Medievo, o, en la Modernidad, al hombre y, en posterior, a su razón.[135] Frente a estas reducciones, propone lo humano, lo divino y lo mundano como facticidades irreductibles y sólo asequibles por las relaciones que guarden entre sí.

---

[135] Sobre estas reducciones, Rosenzweig abona en *El nuevo pensamiento* (20 ss.). También puede considerarse un planteamiento próximo en Hans Urs von Balthasar (*Sólo el amor es digno de fe*, "1. La reducción cosmológica" y "2. La reducción antropológica").

En *La estrella de la redención* propuso una relectura de la estrella de David y afirma la existencia de Dios, lo humano y mundo como facticidades filosóficas, así como creación, revelación y redención en tanto lugares del monoteísmo, es decir, como las principales relaciones que se dan entre los tres previos. Entre Dios y el mundo la relación distintiva es la de creación, entre Dios y lo humano es la revelación, y, entre lo humano y el mundo, se manifiesta la redención. Fuera de sus relaciones, de las facticidades filosóficas sólo resta enunciar tautologías: decir de Dios lo divino; del humano lo humano; y, del mundo, lo mundano.

En sus relaciones es donde esas realidades irreductibles se manifiestan a sí mismas y a los otros. Para Rosenzweig, incluso la representación bíblica de Dios es muestra de ello. Durante la Creación, la divinidad se refiere a sí misma en plural, esto por no alcanzar una plenitud que sólo aparece cuando Dios habla a Adán y Eva. En la pregunta "¿Dónde estás?",[136] comienza un diálogo entre un yo y un tú, una plenitud entre los involucrados. Dios, Adán y Eva sólo surgen como tales en el encuentro y el diálogo, con ello también se funda un tiempo dependiente del otro.[137]

---

[136] Gen. 3, 9 y abordado por Rosenzweig en *La estrella de la redención*, 220.

[137] En *La estrella de la redención* Rosenzweig ha sentado cómo "el Yo auténtico, no autocomprensible, enfático y subrayado, se pronuncia por primera vez al descubrir el Tú [...] también Dios pregunta dónde está el Tú" (220); mientras que en *El nuevo pensamiento* agregó: "El pensamiento es atemporal y quiere serlo; quiere anudar mil vínculos de un golpe; lo

El pensar debe ser un pensar situado en el tiempo y en el diálogo, sin un encuentro verdadero con el otro no habrá tiempo, sólo el juego de la consciencia al suponerse sin principio ni final dada su incapacidad de alcanzarlos. En *El nuevo pensamiento*, Rosenzweig indicó que es en la integración del tiempo donde radica la diferencia entre los diálogos de Platón y los diálogos presentes en los Evangelios, pues los primeros intentan demostrar una verdad que ya se posee, a través de un camino diseñado, de ahí la carencia de espontaneidad; mientras que en los segundos se intenta una comunicación, un reconocimiento del yo y del tú, donde las respuestas no son previstas.[138] Lo mismo sucede entre individuos: en la medida en que hay una negación del otro en favor de una verdad, nos encontramos fuera del tiempo, del encuentro con el tú y, sin más, excluidos de la posibilidad de diálogo. En ese sentido, el diálogo real se opone a la narrativa, propia de una historia que suprime a los individuos para ubicarlos de manera estática.

Derivado de lo anterior, en *El libro del sentido común, sano y enfermo*, Rosenzweig indicó cómo la filosofía busca las esencias y, con ello, tiende a un estatismo sólo contrarrestable desde una confianza en el lenguaje como dimensión dinámica, en el cual existimos y cuya expresión primaria es el diálogo como un acto.

último, la meta, es para él lo primero. El hablar está ligado con el tiempo, se nutre del tiempo, no quiere ni puede abandonar su suelo nutricio; no sabe por anticipado hacia dónde se dirige; deja que el otro le dé el pie para entrar en conversación" (33).

[138] *Cfr.* Rosenzweig, F. *El nuevo pensamiento*, 34.

En la obra citada, su autor parte de un ejemplo sencillo: ¿qué pasaría si, al comprar un cuarto de libra de queso, nos pusiéramos a reflexionar sobre las esencias? El filósofo, quien se dirige a intentar responder la pregunta "¿Qué es propiamente?",[139] buscaría cuál es la esencia del queso, del cuarto de libra, etc. Filosóficamente, estas preguntas parecen tener sentido, pero no sucede así en la vida práctica, real, vivida. Cuando se acude a la tienda por un cuarto de libra de queso se espera obtener un cuarto de libra de queso y no la pregunta "¿A qué se refiere con queso?" Esto nos refleja una confianza fundamental en el lenguaje y en cierta comprensión de lo humano, lo divino y lo mundano sin necesidad de comprender las esencias. Ése es el sano sentido común: una confianza original en el lenguaje y en la relación con la realidad que debe ser recuperada del estatismo que la filosofía nos ha quitado.

El sentido común enfermo es el que se pregunta por la esencia del todo único, el que se sustrae mediante su remitir a las esencias y desde ahí niega la posibilidad de una relación con lo divino, lo humano y lo mundano en el tiempo. La tradición filosófica atenta contra el sano sentido común al intentar reducirse a las esencias, con ello le niega facultades en el pensamiento y, en posterior, también en la realidad. Con ello, el pensar filosófico intenta pensar fuera del tiempo, al extraer a los individuos y a la reflexión del mundo para situarlos en aquello que es, sin cambios, inmutable y sin relaciones.

---

[139] Rosenzweig, F. *El libro del sentido común sano y enfermo*, 16.

Martin Buber

Lo más propio del judaísmo, para Martin Buber, no radica en lo religioso ni en lo ético, sino en la unidad de ambos elementos. En su concepción del judaísmo resulta imposible separar la práctica religiosa de una práctica ética. De este modo, si se tienen en mente conceptos religiosos, se deben tener en mente conceptos éticos y viceversa.

Igualmente, al pensar lo humano, Buber toma distancia crítica de considerarlo desde un planteamiento general que lo ubique como otro ente, pero también del exceso individualista que supondría encontrarlo en sí mismo. La especificidad de lo humano se encuentra "considerándola en la totalidad de sus relaciones esenciales con el ente",[140] de ahí que el autor de *Yo y tú* plantee distancia de los intentos de respuesta que remitan a los conglomerados o las individualidades, formas que se encontraban en boga en su momento y en las cuales palpita la vía moderna que supone a un sujeto capaz de comprenderse por la sola razón o sus prácticas, es decir, en soledad. Desde la perspectiva de Buber, la propuesta ilustrado moderna se desvanece al no considerar, como se ha indicado, la condición relacional humana.

Abordar la condición relación es una nota religiosa, aunque no específicamente judía, que ha de integrarse en la filosofía:

---

[140] Buber, M. *¿Qué es el hombre?* 141.

En toda tradición religiosa se nos muestra que la realidad de la fe significa vivir vuelto hacia el ser «en el que se cree», esto es, hacia el Ser absoluto e incondicionalmente afirmado. Por el contrario, en toda gran filosofía se nos muestra que la verdad intelectual significa convertir lo incondicionado en un objeto del que han de derivarse todos los demás objetos.[141]

La distinción propuesta entre la religión y la filosofía, ubica la primera como tendiente a un yo y tú; y a la segunda como propia de unas condiciones de sujeto-objeto. Se cifra en ello la problemática de la filosofía moderna incapaz de pensar al humano, en especial, a quien piensa, sin convertirlo en un objeto de conocimiento para sí mismo, de este modo, la antropología, en cuanto hace de lo humano objeto de estudio, desvirtúa la posibilidad misma de aproximarse a lo humano en tanto lo sustituye por un objeto. Esto, válido en su consideración de los otros, lo es también para sí mismo: lo humano, al pensarse, deviene objeto.

Como extensión de lo anterior, ha de notarse que la filosofía, en su praxis, busca la permanencia en el pensamiento, en la

---

[141] Buber, M. *Eclipse de Dios,* 61. Líneas más adelante prosigue la obra: "La religión […] se funda en la dualidad del yo y del tú; la filosofía, aun cuando el acto filosófico desemboque en una contemplación de la unidad, se fundamenta en la dualidad de sujeto y objeto. La dualidad del yo y el tú encuentra su consumación en la relación religiosa; mientras se filosofa, la filosofía es sostenida por la dualidad objeto-sujeto" (61-62).

posibilidad de pensar las esencias o el pensamiento mismo, como se ha planteado en el ideal contemplativo aristotélico. Sin embargo, para Buber, la religión busca extenderse más allá de la religión misma, "quiere dejar de ser ese dominio especial denominado «religión» para llegar a ser vida",[142] esto es, posibilidad de encuentro entre yo y tú en la existencia toda, no sólo frente a lo divino.

Surge, entonces, la nota propia de la espiritualidad jasídica de Buber, pues lo religioso deviene mandato ético. Por ello, indicó cómo "la piedad jasídica ya no reconoce algo como simple e irreparablemente profano; lo 'profano' es para el jasidismo sólo una designación para lo que todavía no está santificado, para lo que debe santificarse".[143] En este sentido, la filosofía de Buber parece obedecer a una consideración religiosa, a una vocación específica: llevar lo sagrado, la relación yo-tú, a los espacios profanos cifrados por la relación sujeto-objeto, en este caso, la filosofía.

Como sucede con lo divino, el pensamiento signado por el yo-ello provoca un ocultamiento, un eclipse, del yo-tú. A la manera en la cual Buber realiza su crítica en *Eclipse de Dios* sobre lo divino, habría que comprender una parte considerable de su propuesta, es decir, como un intento por clarificar el yo-tú oculto en medio de una existencia rodeada de falsos encuentros y falsos diálogos, una forma de desmontar las con-

---

[142] *Ibídem*, 64.
[143] Buber, M. *Imágenes del bien y del mal*, 64.

sideraciones, especialmente modernas, de una filosofía y una serie de (otras) técnicas que han propuesto existencias esquematizadas, tecnificadas, en las cuales no tiene cabida un encuentro y, sin más, un yo-tú.

Emmanuel Levinas

Levinas toma distancia de la tradición griega en diversos momentos y de distintas maneras. Una de ellas es mediante la confrontación de la escucha hebrea frente a la visión griega. Al recuperar el Shema Israel ("Escucha, Israel"), Levinas posiciona la escucha y, con ella, la pasividad. Al escuchar, se escucha al otro, se es en pasividad como una primera pauta que permite el encuentro con el otro, humano o divino, en una relación ética antes que epistémica. Dios mismo, en la Tanaj, habla a su pueblo, de modo que la revelación se recibe en la escucha, en pasividad. En esta reminiscencia, que atraviesa la propuesta del autor de *Totalidad e infinito*, se cifra una crítica y toma de distancia de la tradición griega, totalizante, cifrada en la visión y un pensamiento capaz de apre(he)nder en la consciencia cuanto hay. La consciencia activa, dispuesta por la visión, es capaz de seleccionar qué ubicar en la consciencia, tanto como qué ver y qué pensar lo cual, expresado negativamente, nos señala que la consciencia avanza discriminando e invisibilizando.

La tradición filosófica se ha guiado por la ontología, en su vínculo con el conocimiento como filosofía primera, es decir, aquello que podemos (queremos) conocer es lo que va a fundamentar toda la realidad. A tal fundamento, el sujeto accede y, al acceder, lo constituye por un proceso activo. Por su parte, Levinas plantea la pasividad ante una revelación en la cual no se genera conocimiento pues, como sucede en la narrativa bíblica, tras el "escucha Israel", Dios brinda los mandamientos. En el mismo sentido, el autor de *Totalidad e infinito* propone que tras la revelación del otro se encuentra un mandato ético: "No matarás".[144]

En el conocimiento, al modo en el cual sucede con los alimentos, el sujeto se apropia de lo que aparece a su alcance. Lo que aparece es retomado, absorbido, como una forma de distracción de sí mismo que nunca agota el deseo (metafísico) que subyace a una identidad que intenta salir de sí. Los objetos del saber son reducidos a la totalidad de la conciencia. El otro, por su parte, se revela como alteridad absoluta.

El otro se revela en la medida en que posee rostro. En esta revelación, la consciencia aparece como pasividad, incapaz de un primer movimiento de aprensión, el rostro le impone el mandato ético: "No matarás". En la revelación, la totalidad ce-

---

[144] En *Totalidad e infinito* se encuentran las líneas: "El discurso condiciona el pensamiento, porque el primer inteligible no es un concepto, sino una inteligencia cuyo rostro enuncia la exterioridad inviolable al proferir el «no matarás»" (229); "el principio «no matarás», la significancia misma del rostro" (272); "el «No matarás» que esboza el rostro en el que se produce el Otro" (308).

rrada que es la consciencia, se fractura por la inclusión del otro quien aparece como infinito (e infinitización) y, en cuanto tal, posibilita una respuesta ética. Clama por la responsabilidad.

La ontología como filosofía primera en la tradición filosófica supone una reducción a la totalidad y, en esta clausura sobre sí misma, deviene en prácticas de exclusión y violencia. Ahí, la diferencia es reducida para su integración o invisibilizada como pauta previa de su eliminación fáctica. La totalidad supone una negación del infinito, mientras que el infinito se revela como una fractura de la consciencia en el mandato ético.

En la revelación, concepto heredado de la tradición bíblica para hacer contrapeso al "develar" heideggeriano, Levinas se opone a una verdad cuyo desocultamiento supone la actividad de un sujeto signado por el conocimiento tanto como a una verdad dependiente de tal (la *alétheia* griega). Develar supone "quitar un velo", mientras que en la revelación el aparecer depende en su totalidad del otro quien, además, brinda la condición para su misma revelación. No accedemos al otro, no lo desocultamos, por el contrario, el otro llega a nosotros, como alteridad e infinito que rompe las pretensiones de totalidad de la conciencia.

En la revelación, el otro alza el mandato ético, no ontológico, de ahí que el aniquilamiento sea una alternativa. Sin embargo, es también un clamor ante la acción epistémica del sujeto: "no me reduzcas a tus parámetros". En la respuesta deviene la posibilidad de considerar una subjetividad desde la condición ética de los involucrados, pues el mandato ético se impone antes de que pueda hacerlo la conciencia propia.

En la revelación, el otro se presenta an-árquico, esto es, antes de que sea posible reducirlo a la conciencia, pero también antes de que la conciencia se ubique a sí misma y pueda actuar. El otro se revela antes de la que la subjetividad pueda ponerse a sí misma y, en este sentido, antes que cualquier tiempo subjetivo, con ello, se nos presenta antes del tiempo y funda una temporalidad ajena a la clausura de un eterno presente pretendido por la conciencia.

La totalidad, por su parte, se alza al modo de un edificio cuya finalidad es una superación constante de su altura sin desmoronarse. La existencia, tanto como una supuesta ética basada en la afirmación y expansión de la permanencia en el ser, niega la alteridad y, en última instancia, es la posibilidad de una farsa en el pensamiento ético. Sin el otro, la ética deviene una extensión de sí, pautas para justificación en el intento de no desmoronar los esfuerzos por alcanzar, a cada momento, pautas de mayor desarrollo.

Unas palabras finales…

La inclusión de la tradición judía, como lo ha sido la inclusión de la tradición cristiana, trae importantes consecuencias en filosofía. Para cerrar este breve apartado, quisiera señalar tres rasgos significativos a tener en mente con el personalismo, pero también más allá de él. Estas notas son: la negativa a la totalidad, la asimilación del cristianismo y el repensar la política. Sin embargo, las tres se sostienen por una reconsideración de la antropología en su vínculo con la ética.

La negativa a la totalidad, a una realidad única, emerge de la distancia que la divinidad guarda en la tradición judía. Con independencia de la adhesión de fe, esta crítica ha atravesado su oposición al panteísmo como al ateísmo, no necesariamente desde lo confesional, sino desde el peligro de asumir la posibilidad de una autodeificación humana. Naciones, pueblos o sujetos enaltecidos, en cualquier credo o en su supuesta ausencia, se alzan cuales ídolos necesitados de sacrificios de lo distinto. De este peligro nos advierten las filas de pensadores vinculados a tradiciones religiosas, especialmente judías, cuya crítica surge de una tradición bíblica opuesta a una idolatría fuente de violencia social y enajenación

En el mismo sentido, considerar los aportes del judaísmo a la reflexión filosófica cuestiona las posibilidades de aportes del cristianismo. No se trata de cuestionar, mucho menos de negar los aportes de la tradición cristiana, sino reconsiderar cómo dicha tradición —junto con su voz en la filosofía— se encuentra asimilada y limitada en sus aportes, al (des)teñirlos para su inclusión aconfesional y acristiana en una cultura que se escandaliza de matices (o tufos) religiosos. En este sentido, los procesos de asimilación que llevaron a la aniquilación de una porción importante del pueblo judío y, en cierta medida de su cultura, son también los procesos de asimilación que el cristianismo ha adoptado cada vez con mayor frecuencia.

En su mayoría, el cristianismo, venido cristiandad —si seguimos las palabras kierkegaardianas—, se ha diluido en un apéndice molesto para una cultura a la cual ofrece dos opciones: o la asimilación o la conversión en voces disidentes, representantes de sí mismas con la bandera cristiana, que se alzan en luchas propias de tono moralista recalcitrante y anacrónico. Restan todavía autores, como restan todavía manifestaciones cristianas, no obstante, en su mayoría, en sus aportes al diálogo filosófico aparecen integradas, amorfas, en diversos autores, incluso anticristianos. En cualquier caso, autores judíos o de formación e influencia judía, nos recuerdan la posibilidad de aportes y la importancia de los mismos, no en su reducción a la tradición filosófica, sino en un diálogo real y fecundo, antes que en una asimilación de bordes difusos e ilusorios donde se reitera un discurso griego.

Por último, ante la subordinación de la ética a la política que recorre a la filosofía occidental en autores que van de Aristóteles a Foucault, atravesando por Sade, donde el rol de la política y los gobiernos es generar súbditos dispuestos a defender sus verdades, sus bondades y su belleza, el judaísmo nos recuerda la posibilidad de construir políticas surgidas de la ética y no a la inversa. Para ello, quizá, sea necesario pensar al modo de los profetas y no de los sabios.

Los autores señalados, aunque no siendo los únicos, nos permiten estos trazos como vías para abrir las sendas previas, no importa si somos incapaces de seguirlas en este espacio, importa notar lo significativo de retornar a tradiciones ocultas bajo el supuesto de su superación, en este caso, la judía y, quizás en un futuro, de una dilución cristiana.

REFERENCIAS BIBLIOGRÁFICAS

Agamben, G. *La potencia del pensamiento*. Adriana Hidalgo. 2007.

Balthasar, H. U. *Sólo el amor es digno de fe*. Sígueme. 2006.

Buber, M. *Eclipse de Dios*. Sígueme. 2003.

— *Imágenes del bien y del mal*. Lilmod. 2006.

— *¿Qué es el hombre?* Fondo de Cultura Económica. 2002.

Cohen, H. *La religión de la razón desde las fuentes del judaísmo*. Anthropos. 2004.

Feuerbach, L. *La esencia del cristianismo*. Trotta. 1998.

Feuerbach, L. y K. Marx. *La filosofía del futuro. Tesis sobre Feuerbach*. Calden. 1969.

Levinas, E. *Más allá del versículo. Lecturas y discursos talmúdicos*. Lilmod. 2006.

— *Totalidad e infinito*. Sígueme. 2002.

Kierkegaard. S. *La enfermedad mortal*. Trotta. 2008.

Rosenzweig, F. *El libro del sentido común sano y enfermo*. Caparrós. 2001.

— *El nuevo pensamiento*. Adriana Hidalgo. 2005.

— *La estrella de la redención*. Sígueme. 2006.

5. EL CONCEPTO DE CORRELACIÓN EN HERMANN COHEN. APUNTES SOBRE AUTORES OLVIDADOS POR LA PROPUESTA DIALÓGICA

Introducción

La creciente del conocimiento durante el siglo XX no ha sido ajena a la filosofía. Quien se aproxime a la "madre de las ciencias" encontrará una marcada diversificación de temáticas, corrientes y autores. Sin embargo, en su mayoría, su comprensión y significación dependen y se encuentran en referencia a una tradición excluyente. En su interior, la tradición encuentra diversas rupturas, una de ellas surge de la inclusión del pensamiento del otro y las consideraciones que ha traído consigo esta perspectiva.

Como cualquier vertiente filosófica, la reflexión sobre el otro permanece dependiente de una tradición que permite profundizar en su comprensión. No obstante, la forma en que se ha presentado esta línea de la filosofía, en especial en el nivel académico de habla hispana, poco clarifica los planteamientos que preceden a sus autores más socorridos o en las implicaciones de dichos antecedentes para el presente con miras al futuro. Debido a esta situación, se padece la ausencia de análisis sobre los aportes de diversos autores a esta tradición, que, si bien es relativamente nueva, se alza desde al menos dos siglos con propuestas concretas.

De la fuente judía beben algunos de sus autores más representativos. En esta línea de pensamiento encontramos a Hermann Cohen, a quien dedicaremos las líneas siguientes. Cohen es un autor poco recurrido en nuestra lengua, situación de la que da cuenta la poca bibliografía especializada con que se cuenta. Sobre su inclusión en lo referente al pensamiento del otro (tú, prójimo, alteridad) y la relación, es todavía menor.

Los motivos de esta situación pueden remitirse a la poca consideración del mismo en las obras de Martin Buber[145] y Emmanuel Levinas,[146] a quienes se han ubicado como los

---

[145] En su breve ensayo "Para la historia del principio dialógico", que resultará importante guía para muchos, Cohen aparece apenas en tanto cuestión sintomática y como preámbulo a su "sorprendente discípulo" (en Buber, M. *El camino del ser humano y otros escritos*, 121) Franz Rosenzweig, quien lo deja atrás. Consecuencia de esto es, por ejemplo, su desaparición en otros trabajos como suceden con el de Arroyo Arrayás, "La antropología dialógica en la historia de la filosofía". Buber conoció el trabajo de Cohen, aunque señaló en el mismo ensayo haber leído la propuesta del neokantiano cuando había ya avanzado en la propia. De este acercamiento da constancia la compilación de la breve antología *El prójimo*, donde Buber, además de reunirla, dedica algunas líneas a Cohen.

[146] Acorde al *Levinas Concordance*, Cohen es mencionado apenas en 15 ocasiones por el lituano-francés, sólo una de ellas en *Totalidad e infinito* y

principales referentes para la comprensión de la "propuesta dialógica" o del pensamiento del otro. Esta falta de atención no afecta sólo a Cohen, se extiende a otros autores, como Feuerbach, Kierkegaard, Ebner y Rosenzweig.

Es, pues, desde la óptica de la "propuesta dialógica" que abordaremos una aproximación a la lectura y presentación de Hermann Cohen, a quien indicaremos como un referente importante de dicha propuesta de pensamiento. Para tal efecto se recurrirá al concepto de *correlación* como la guía que nos permitirá concluir algunos puntos importantes desprendidos de este autor y que prefiguran una propuesta encaminada a la consideración del prójimo/otro.

Para el presente, será considerada una aproximación al autor desde el habla hispana, es decir, remitiendo a las obras publicadas en nuestro idioma (*El concepto de la religión en el sistema de la filosofía*; *La religión de la razón desde las fuentes del judaísmo*; y, *El prójimo*). Del mismo modo, se ofrece una breve

---

haciendo poca justicia a su propuesta en los ámbitos del pensamiento del otro (Cfr. Levinas, E. *Totalidad e infinito*, 94). En *Dios, la muerte y el otro*, Levinas indicó una separación del autor, al indicar: "No hay, pues, como en Hermann Cohen, *correlación* entre Dios y hombre" (Levinas, *Dios la muerte y el otro*, 238). En otras referencias, la tónica parece ser similar y ahonda poco, o de forma anecdótica, en el pensamiento del autor. Esta situación puede contrastarse con la nula aparición de Cohen en *Nombres propios* donde Levinas escribió sobre algunos pensadores que tuvieron influencia en su pensamiento.

mención inicial que nos permita ubicar la situación de Cohen y otros autores poco recurridos en esta área de la filosofía.

I

En el siglo pasado se ha consolidado la reflexión sobre el otro. Sea a través del tú buberiano o la alteridad levinasiana, por lo cual resultaría un gran yerro no dar cuenta de estas reflexiones. No obstante, las situaciones que han ubicado a estos dos últimos autores como sus máximos exponentes obedecen, con independencia de su valía filosófica, a circunstancias de corte contextual y no sólo filosófico. Consecuencia de esto es el olvido o minimización de otros autores y propuestas.

Martín Buber presentó su obra *Yo y tú* en 1923. Dos años antes ya se encontraban publicadas *La estrella de la redención* de Franz Rosenzweig y *La palabra y las realidades espirituales* de Ferdinand Ebner. De igual manera, en esos años Gabriel Marcel inició la redacción de sus diarios y, a la postre, las reuniones en su casa a donde se dieron cita intelectuales de la época, amén de autores que en posterior cobrarían renombre, como son el ya mencionado Emmanuel Levinas y Paul Ricoeur. Esto en el siglo XX, sin embargo, tras ellos desfilan importantes precedentes desde los siglos XVIII y XIX, como Jacobi, Feuerbach y Kierkegaard, por no mencionar a Hermann Cohen, sobre quien retornaremos posteriormente. ¿Qué sucede entonces con estos autores y esta línea previa aparentemente olvidada?[147]

En el caso de los últimos autores señalados, su contexto complicó el acceso a la tradición filosófica en general y en la propuesta del otro en particular. Así, Jacobi, en cuanto crítico de los filósofos más renombrados de su época, dificultó su ingreso, salvo como un comentarista, a la "historia académica" de la filosofía.[148] Feuerbach aparece reducido a su "ateísmo" o a un preámbulo al marxismo;[149] ni qué decir de Kierkegaard, pensado como el héroe del individualismo subjetivista y el padre

---

[147] Los autores señalados no pretenden agotar la influencia y antecedentes más concretos. Otras reflexiones importantes sobre los antecedentes pueden ubicarse en los trabajos de los mencionados, por ejemplo, en Franz Rosenzweig en *El nuevo pensamiento* (véanse en especial las páginas 35 y 36 de esa obra).

[148] De este autor se puede consultar su crítica a la supresión idealista de la realidad y el encumbramiento del yo como mero egoísmo, en la intitulada "Carta de Jacobi a Fichte sobre el nihilismo". En la última expresó: "los dos caminos principales, materialismo e idealismo, tienen el mismo objetivo: el intento de explicar todo únicamente a partir de una materia que se determina a sí misma, o a partir de una inteligencia que se determina a sí misma. La dirección de cada una frente a la otra no es *en absoluto* divergente sino coincidente de modo progresivo hasta que finalmente se encuentran [...] fuera del dualismo sólo hay egoísmo, como comienzo o como final, para la fuerza del *pensamiento creador*" (237-238).

[149] Si bien la idea del "yo y tú" fue propuesta como tal por Feuerbach desde *La esencia del cristianismo* y se prolonga a *La esencia de la religión*, es principalmente en *Principios de la filosofía del futuro* de 1843, donde se encuentran importantes aportes.

del existencialismo.[150] Desde reduccionismos como los precedentes, ¿cómo postular su reflexión respecto de la alteridad y la relación?

Por su parte, a los autores del siglo XX, o cuya obra ubicamos en tal, una muerte a temprana edad y el alejamiento del ambiente académico tradicionalmente reconocido marcarían su suerte. Ferdinand Ebner (1882-1931) murió a los 49 años, pero dedicó su vida a la educación elemental de la que se retiró en 1923 (a los 41 años), debido a problemas de salud, que aunados a su conversión al catolicismo, su postura frente al judaísmo y las indicaciones sobre escribir "pneumatología" y no filosofía, le destinaron rápidamente al olvido.[151]

---

[150] La obra religiosa del danés, firmada sin seudónimo, es de suma relevancia para estas consideraciones. En ella encontramos notas como la siguiente: "'el prójimo' es lo que los pensadores llamarían lo otro, aquello en lo que ha de verificarse lo egoísta del amor de sí. En vista de lo cual, si por los pensadores fuera, no sería necesario siquiera que existiera el prójimo" (Kierkegaard, S. *Las obras del amor*, 40). También es digna de mención su reflexión en relación con la posibilidad de la revelación, ello a través del seudónimo Johannes Climacus en *Migajas filosóficas o un poco de filosofía*. Actualmente, en habla hispana (y muy probablemente en general), Kierkegaard es el autor que mejor suerte ha corrido en lo referente a traducciones, grupos de estudio y publicaciones varias, por lo menos desde hace dos décadas.

[151] Estas consideraciones pueden encontrarse presentes en *La palabra y las realidades espirituales*, su única obra traducida al español.

El fallecimiento de Franz Rosenzweig (1886-1929), días antes de cumplir 46 años, fue precedido por el padecimiento de esclerosis siete años antes. Siendo judío, publicó sus principales obras en Alemania, entre las dos guerras mundiales, y se dedicó a la educación a través de "La casa de instrucción judía", por lo que sobra indicar las complicaciones por las cuales atravesó su propuesta. Esto con independencia de sus aportes en diversas áreas de la filosofía.[152]

Finalmente, Gabriel Marcel (1889-1973), fallecido a los 83 años, presentó sus principales aportes a mediados de siglo, pero resultó rápidamente desplazado por el auge existencialista, reducido a una oposición a Sartre y alejado de los reflectores dados los vaivenes representados por el año de 1968, por lo que posteriores reflexiones sobre la técnica y otros tópicos de su obra también devinieron poco considerados.[153]

---

[152] En español se cuenta con la traducción de *La estrella de la redención*, su obra cumbre, *El nuevo pensamiento*, *El libro del sentido común sano y enfermo*, *El país de los dos ríos* y *Escritos sobre la guerra*, además de una compilación de textos intitulada *Lo humano, lo divino y lo mundano*. También su introducción a los *Escritos judíos* de Hermann Cohen. En todas estas obras se encuentra una crítica a la tradición de pensamiento monológico, así como una propuesta por el pensamiento de dialógico.

[153] Gabriel Marcel parecía correr mejor suerte cuando el autor vivía, teniendo en su haber varias traducciones al español desde la década de los cincuenta del siglo pasado, amén de trabajos en torno a su obra. Destacan en su haber *Ser y tener*, *Homo viator*, *Los hombres contra lo humano*, y los dos tomos de *Obras selectas* que además de sus trabajos filosóficos presentan algunos ejemplos de su dramaturgia. No obstante, este auge decaería junto con el del existencialismo en el cual se le ubicó.

Todas las situaciones previas dejaron el camino libre a los dos grandes baluartes del personalismo dialógico, Martin Buber y Emmanuel Levinas. No obstante, tanto la biografía del primero como las referencias del segundo permiten poner en la mira el pensamiento de Franz Rosenzweig.[154] Rosenzweig, cuya postura se construyó en distancia crítica de Hegel debido a las repercusiones de la guerra, así como por su concepción del judaísmo y la influencia de Hermann Cohen (1842-1918).

Si bien Cohen es tradicionalmente ubicado dentro del neokantismo de la escuela de Marburgo, a su salida de dicha institución planteó reflexiones matizadas por el judaísmo. En esta etapa, el matiz de su reflexión deriva de su oposición al idealismo, así como una vía para hacer frente a diversas prácticas sociales, en las cuales encontraba un antisemitismo creciente.

Los puntos donde principalmente podemos ubicar su contribución al pensamiento del otro, en este caso bajo la consideración del prójimo, se dan en la incorporación de la religión, según la comprende el autor, y principalmente en el concepto

---

[154] En las primeras páginas de *Totalidad e infinito* puede leerse "Franz Rosenzweig, demasiado presente en este libro para ser citado" (Levinas, E. *Totalidad e infinito*, 54). Por su parte, la participación de Buber y Rosenzweig en proyectos conjuntos es fácil de detectar, por ejemplo, en el proyecto de traducción de la Biblia hebrea al alemán. A ellos puede unirse la deuda que Walter Benjamín guarda con Rosenzweig (e incluso a Cohen), como una referencia para considerar su inclusión en la reflexión.

de *correlación*. Esta propuesta posee un rasgo que permite fracturar la posibilidad del sistema desde dentro, desde sus bases.

II

Inicialmente fiel en su neokantismo, Cohen analizó las posibilidades de un sistema fundado sobre las tres orientaciones de la consciencia que, a su vez, corresponden a las críticas kantianas. Sin embargo, en especial en sus últimas obras, su apego al judaísmo y el "excedente" de nuevas problemáticas surgidas del concepto de correlación hicieron del concepto de religión un punto de reflexión cuya revisión era necesaria.

En *El concepto de religión en el sistema de la filosofía*,[155] bajo la determinación de la lógica, Cohen buscó la forma y la posibilidad de integración del concepto de religión, así como el marco de relaciones que trae consigo, imposibles de subsumir en las tres manifestaciones de la consciencia solas. Para nuestro autor, la entrada de este concepto (*religión*) es necesaria dada su presencia en la relación con otros y a que, según su lectura, los problemas y conceptos que de tal experiencia provienen no tienen cabida en las problemáticas que pueden abordar las orientaciones de la consciencia al modo kantiano. Cohen encontró el punto de inflexión en una razón práctica, y la ética derivada de ella, incapaz para dar cuenta de la existencia fáctica de otros hombres y la necesidad de vérselas con ellos.

---

[155] En adelante *El concepto...*

Ello le planteó las bases para pensar los conceptos de *religión* y *correlación* como vías para distanciarse de una propuesta ética centrada en la conciencia sola, independiente de los otros.

La ética, si partimos de Aristóteles, queda subordinada a la política (donde los fines de la ciudad y del individuo se identifican) a partir de la búsqueda de lo que es más propio al humano o, por lo menos, a la concepción que de tal se posee.[156] La descripción aristotélica que hemos tomado como base satisface las posibilidades de una reflexión cuya meta es la búsqueda de fines apropiados a las facultades propias y que le brindan su estatuto distintivo, esto es, el raciocinio como diferencia específica. El planteamiento socrático-platónico hace lo propio en la búsqueda del conocimiento de sí. Ambos casos se fundamentan sobre la inmanencia de una razón única que reflexiona sobre sí y extiende su pensar a los otros, es el pensamiento que va "de Jonia a Jena"[157] según la expresión de Rosenzweig. Es precisamente en esta concepción, fundada sobre el "**ser humano y lo que le pertenece**",[158] que para Cohen, tanto la correlación como sus implicaciones, no pueden ser abordadas. La ética en la tradición filosófica se construye sobre sí misma, ante el tribunal de la sola consciencia, sin embargo, ante la presencia del otro, nada puede hacer. La correlación y la religión buscan, entonces, abordar esta pauta.

---

[156] Cfr. *Ética nicomáquea*, 1094a-1095a.

[157] Rosenzweig, F. *La estrella de la redención*, 52.

[158] Cohen, H. *El concepto de la religión en el sistema de la* filosofía, 58. En este y en los casos siguientes las negritas en las citas proceden del original.

Como sucediese con Kant y sus propuestas de la *Crítica de la razón práctica* que hicieron menester una revisión y modificación de las pautas de la *Crítica de la razón pura* sin que tal implique una ruptura con la lógica y la razón, sino una adecuación ante los nuevos problemas que se desprenden, Cohen reconoció que "la lógica es inmanente a todas las **ciencias del espíritu**; pero de la consciencia del pensamiento puro emerge la Ética, en la cual el pensamiento puro se convierte en el querer puro, como una **nueva** lógica para ellas".[159]

La obra de Cohen analiza la incorporación de la religión al sistema de la filosofía en su dependencia con la ética. En la medida en que se agrega la religión, ha de concebirse su peculiaridad y la forma en la cual se relaciona con el resto de las orientaciones

---

[159] *Ibídem*, 17. Más adelante también indicó: "De esta dificultad puede librarnos ahora la **distinción entre peculiaridad y autonomía** que ya hemos hecho. Y el concepto de sistema y el de miembro sistemático perderían aquí cada vez más el aspecto de cajones formalistas en la medida en la que el enriquecimiento del sistema y el cumplimiento de sus correspondientes condiciones **no** necesiten estar atados a un **nuevo modo de consciencia**, sino sólo estén condicionados por un nuevo contenido en virtud de una **nueva modificación** de aquel contenido cuya producción ya esté asegurada por un modo de consciencia puro. No es inherente al concepto metódico de sistemática que, cuando el problema religioso lleve a cabo modificaciones en el problema ético, estas mismas modificaciones requiera un nuevo modo de consciencia. Basta que un modo de consciencia puro se haga cargo del contenido nuevamente modificado. **El nuevo contenido justifica por sí solo la incorporación al sistema**" (*ibídem*, 54).

de la conciencia.[160] Con ello, se pretende lograr un "concepto sistemático de la filosofía más pleno"[161] al incorporar no una nueva orientación de la consciencia sino una peculiaridad en contacto con las orientaciones ya existentes. Esta peculiaridad surge a través del concepto de *correlación* entendido como una relación bidireccional entre dos elementos (humano y Dios o humano y humano) y sus implicaciones. En este sentido, señaló que la instrucción del hombre corresponde a Dios (a través de su revelación escrita), al que se identifica según la tradición judeocristiana con el Bien y se le sitúa como un rector, superior, más allá del pensamiento. Dios es concebido desde las posibilidades de la Ética (remitida a la correlación y religión) y no sólo de la lógica, lo cual le permite, asimismo, establecer la distinción del monoteísmo ante el panteísmo y el paganismo.

La correlación, peculiaridad de la religión, surge en la medida en que "**el ser humano** [...] **se coloca, por decirlo así, en una relación de igual a igual junto a Dios**".[162] Éste, "por decirlo así", no implica la eliminación de lo que hoy podemos

---

[160] En palabras del autor: "**La religión no puede ser arrebatada a su viva conexión con la ética**, aun cuando por esto se volviera incapaz de autonomía. § La autonomía puede volverse una cuestión posterior sólo cuando esté asegurada y firmemente establecida sobre la inviolabilidad de la incorporación de la religión a la ética. Sólo entonces se puede tomar en consideración la cuestión de si, a partir de esa conexión, se haya de descubrir una **peculiaridad** y, en vista de ella, una especie de autonomía para la religión" (*ibídem*, 18).
[161] *Ibídem*, 23.
[162] *Ibídem*, 41.

ubicar como "diferencia ontológica" o la "diferencia cualitativa", sino como un "frente a frente" del que devendrá el mandato del amor al prójimo en quien se cumple a cabalidad de la relación con Dios y, derivado de ello, la concepción mesiánica de Cohen (pensamiento que hermana la filosofía política y la ética en la construcción del reino en que pueda aparecer el Mesías). Estas últimas propuestas serán desarrolladas principalmente en *La religión*...

Al introducir el concepto de *religión* y su peculiaridad en la correlación, la consciencia deja de permanecer aislada para ubicarse ante Dios y ante al prójimo, realidades ante quienes ha de responder y ante quienes se encuentra, de donde deriva la posibilidad de la culpa y el vérselas con el sufrimiento como parámetro de individuación. En ese punto se enlazan también los conceptos de *pecado* y la *necesidad de salvación*.

Sin adentrarnos en las implicaciones de estas afirmaciones, es necesario resaltar que la consideración de la falibilidad de la razón en sus determinaciones y la culpabilidad indican una razón que se reconoce ética más allá de un intelectualismo basado en parámetros de yerro y acierto, a la forma del pecado socrático o falta de juicio. Se asume, por el contrario, un más allá del imperativo intelectual y una ética determinada por más que la mera razón, una ética de corte religioso en tanto capaz de aceptar el mal y responsabilizarse de él, no sólo ante sí, sino ante el otro.[163]

---

[163] Análisis aparte merecen sus consideraciones respecto del sufrimien-

La necesidad de salvación, por su parte, ¿es concebible sin aceptar la pasividad del sujeto? La negativa a esta interrogante da cuenta de otra de las características a través de las cuales Cohen sale, poco a poco, del concepto de *sujeto* sin por tal negar sus intentos por permanecer sobre la base lógica y las meras orientaciones de la consciencia. La posibilidad del sistema comienza entonces a fracturarse… desde dentro.

En *El concepto…* la asimilación de la religión pareciera lograrse aun cuando entre líneas existan pautas imposibles de mantener dentro del cerco del sistema, éstas son las modificaciones que la religión efectúa en las orientaciones puras de la consciencia. No obstante, en *La religión de la razón desde las fuentes del judaísmo*[164] se denota la fractura de todo sistema posible. Cohen mantiene sus reservas, pero la lógica no puede sostener el todo de la razón y, dubitativamente, se acepta la posibilidad de un sistema abierto. Aunque sólo sea analizado desde su interior y las fracturas se indiquen con cierta sutileza.

De esta manera, las obras de Cohen implican varias pautas de reflexión irreductibles a la mera razón que al autor no quedó

---

to del pueblo judío, ubicadas dentro de una teodicea de la retribución y construida sobre la idea "del pueblo judío" como elegido para pagar por la humanidad. Situación bastante conflictiva para lectores posteriores, en especial tras Auschwitz y el siglo XX. Sin embargo, es también a partir de estas reflexiones donde aparece la figura del extranjero residente, a la cual Cohen dedicará bellas páginas y reflexiones.

[164] En adelante, *La religión…*

sino reconocer, así sea sutilmente. Las condiciones, quizá, no estaban del todo dadas para una oposición directa.

III

Para Cohen, la inclusión de los conceptos de *correlación* y *religión* surge como alternativa ante los problemas que plantea la existencia fáctica del otro al concepto de ética. En el mismo sentido, permite la descentralización del acto ético, ya no situado ante el "tribunal de la consciencia (sola y propia)", sino como respuesta. Desprendidos de tales consideraciones, señalaremos cinco elementos cuya incidencia subversiva permiten cuestionar al "sistema monológico", mismos que nos permitirán considerar a Hermann Cohen como un significativo referente para la propuesta del personalismo dialógico.

a) La ética no se cifra únicamente en los conceptos de la mera razón. Si bien la razón puede considerarse como fuente de los conceptos y permite la comprensión metódica del otro,[165] el acto ético deja de responder

---

[165] Cfr. *La religión…* p. 4. De igual modo, Reyes Mate indicará en la "Presentación" a la obra citada: "El neokantismo no se fijaba en el nada despreciable detalle de que antes de que la razón los engendrara como objetos de conocimiento, ya estaban allí. O, mejor, sólo podían ser alumbrados racionalmente porque ya estaban allí *fácticamente*. Ahora sí, ahora Cohen da un salto hacia atrás, hacia el origen y en el lugar de apostarse en los aledaños de la razón lo hace en los del ser. Y en vez de obsesionarse con las "condiciones de posibilidad del conocimiento", santo y seña del idealismo trascendental, se pone a la escucha de las realidades pre-reflexi-

sólo ante el tribunal de la razón propia para atender la situación del otro en el mundo.

b) Pasividad. La pasividad, aunque no del todo desarrollada en la propuesta de Cohen, dado que "si la religión parte o no del ser humano, no constituye por lo pronto un problema puesto que más bien hemos tomado como punto de partida la racionalidad de la ley",[166] se reconoce en la afectación a la consciencia de entidades existentes y pre-reflexivas. Como se desprende del inciso previo, al análisis de los conceptos y las condiciones de posibilidad del conocimiento, les antecede una afectación capaz de condicionar la comprensión y a la sola razón en función de la (cor) relación y una faceta pasiva del sujeto.

c) El "Tú". El otro, entendido como Dios o como prójimo (sin confundirlos), es considerado no sólo como consecuencia de la razón sino como origen y condición para la misma y sus desarrollos. En ese sentido, manifiesta la "deficiencia radical, congénita a la concepción ética del ser humano"[167] y, con ello, la ética

---

vas. Además de lo que el hombre diga o se invente sobre el hombre o sobre Dios o sobre la naturaleza, bueno es escuchar lo que ese Dios diga sobre el hombre; lo que la naturaleza, sobre sí y sobre el hombre, sobre el mundo y Dios. Esa es la *correlación*" (XVI).

[166] Cohen, H. *El prójimo*, 9.

[167] *Ibídem*, 10.

deja de ser una alternativa plausible para dar cuenta plena de sí a través el tribunal de la conciencia. Escribió Cohen: "este método fracasa, no puede sino fracasar, ante el nuevo problema que plantea el Tú, mientras que, por otra parte, el concepto de individuo exige este Tú".[168]

d) El sufrimiento irreductible. En Cohen, el sufrimiento es, por una parte, subsumido bajo los parámetros de una teodicea mesiánica marcada por una concepción de la retribución a través del pueblo judío en compensación de los pueblos de la tierra y no de individuos. Rasgo bastante conflictivo en su propuesta, en especial tras la Segunda Guerra Mundial. No obstante, esta explicación de los motivos y fines del sufrimiento, no logra dar con la comprensión de lo que el sufrimiento es, con la nota extra racional que resulta en sí mismo y no en función de esta teodicea. En este último sentido, el sufrimiento se convierte en un principio de individuación del yo, asimismo, permite considerar el surgimiento del concepto del prójimo y la conformación política, social y la inclusión del extranjero en la comunidad social. Esta consideración del extranjero, puede sentar las bases para análisis de la tradición judía, ya

---

[168] *Ibídem*, 12.

no sólo en relación al personalismo, sino con miras a los derechos humanos.[169]

e) Unidad y unicidad de Dios. Dios es planteado como inalcanzable a la razón humana en un sentido epistémico, pero también ético debido a la prohibición de la idolatría de imágenes, la cual incluye la imagen dada por la razón. Dado que "Dios sólo puede ser conocido por sus obras, sólo a partir de aquello que se sigue de su esencia, pero no su esencia misma"[170] o en la conciencia de la distancia. Esto plantea un anhelo de cercanía, nunca de unión. La relación con Dios, su cercanía y la relación como parámetro, antes que la nota de una imagen intelectual, da la pauta para comprender la relación en tanto ética, no epistémica, con el otro, sea divino o humano.

Estos elementos pueden resumirse en lo que para Cohen es también una crítica a la ética del panteísmo que:

se basa en el principio del *instinto de autoconservación*. El instinto natural de la vida se convierte aquí en la base de la moral. La vida exige conservación. Esta

---

[169] Este último punto a partir tanto de *El concepto...* como en *La religión...* y en el opúsculo *El prójimo*. Sin embargo, deberán considerarse las variaciones conceptuales, originadas principalmente por la cronología misma de la tradición judía, la propuesta de Cohen y los mismos Derecho Humanos.
[170] Cohen, H. *El prójimo*, 61.

conservación del poder fundamental de la vida es el derecho fundamental del hombre. El instinto de conservación de la vida justifica la *identidad de poder y derecho*. Pero el sujeto, que el instinto trata de conservar, es el ser natural, el ser viviente.

20. La religión no conoce un ser semejante que esté llamado a vivir solo la vida. El sujeto subsiste para ella sólo en la correlación con Dios, en el interior de la cual nace también la correlación del hombre con el hombre [...]

Fin en sí mismo puede serlo sólo la moralidad, sólo la correlación de Dios con el hombre. Cualquier otra moral, cualquier otra cosa religiosa, es auxilio e instrumento para conseguir este único fin.[171]

La propuesta de Cohen parte de la revelación. No obstante, ésta no implica una oposición a la razón, sino unos contenidos que, aunque pueden ser comprendidos, no encuentran su origen en ella. Así, aunque los contenidos de la revelación no escapan a la razón, los atributos divinos se convertirán en pautas para la acción a través de una razón modificada por la correlación y la religión. Con ello, el autor niega convertir a Dios en un contenido cognoscitivo, sino que lo mantiene irreductible.

---

[171] Cohen, H. *La religión...*, 175 y 178.

Con los elementos anteriores (amén de otros no abordados), a partir de las exigencias surgidas de la incorporación
de los conceptos de correlación y religión, en Hermann Cohen puede plantearse la fractura interna de la posibilidad de
una sistematización derivada de la propuesta kantiana. En
igual medida, cuestiona aquellas propuestas que pretendan la
incorporación del prójimo, sin atender que esto supone una
modificación en la forma en que se concibe la razón propia y
sus desarrollos.

La lectura de Cohen nos plantea cómo la ética, en su pretensión de surgir de la sola razón, no agota los problemas de la
voluntad y el actuar humanos. Esta ética que ha de ser recuperada y superada por la consideración de una existencia fáctica del otro, divino o humano, permite una apertura ante la
ineludible consideración de la correlación. Con el otro, ha de
modificarse la consideración de una plenitud de los individuos,[172] para lograrse, el humano ha de ser considerado como
individuo en relación, es decir, en correlación.

---

[172] Podríamos aquí remitir al concepto de *Gesinnung*, del que Cohen expresa "La relación de Dios con el hombre y la del hombre con Dios constituyen el contenido de la religión. Pero el sentido de esta doble relación
no es otro que la *Gesinnung*. [...] todo el oficio divino del ser humano no
es más que idolatría si no mana del hontanar de la *Gesinnung*" (*El prójimo*,
1) a lo que el traductor de la obra (Andrés Ancona) a nuestro idioma
complementa "Este término de *Gesinnung* corresponde filosóficamente
a las palabras bíblicas: con toda tu alma, con toda tu mente, con todo tu
corazón, con todas tus fuerzas" (*ídem*, nota al pie).

Lo anterior nos presenta las obras de Cohen como un pensamiento capaz de aportar importantes elementos a la propuesta dialógica, con bases distintas a la levinasiana (sostenida desde la fenomenología en oposición a Hegel y Heidegger, aunque también en deuda con ellos), que nos remite a Kant y al criticismo, más que al idealismo, con diversificaciones políticas (en Benjamin, por ejemplo) capaces de dar con la propuesta de un sistema abierto (Rosenzweig) y reflexiones que unen esta propuesta en la tradición judía para permitir un abordaje desde una conceptualización contemporánea en lo relativo a los Derechos Humanos.

REFERENCIAS BIBLIOGRÁFICAS

Aristóteles. Ética nicomáquea. En: *Aristóteles III*. Gredos. 2014.

Arroyo Arrayas, L. M. "La antropología dialógica en la historia de la filosofía". En: *Thémata. Revista de filosofía. No. 39*. 2007.

Buber, M. *El camino del ser humano y otros escritos*. Fundación Emmanuel Mounier. 2003.

Ciocan, C. y G. Hansel. *Levinas concordance*. Springer. 2005.

Cohen, H. *El concepto de la religión en el sistema de la filosofía*. Anthropos. 2010.

— *El prójimo*. Anthropos. 2004.

— *La religión de la razón desde las fuentes del judaísmo*. Anthropos. 2004.

Ebner, F. *La palabra y las realidades espirituales*. Caparrós. 1995.

Feuerbach, L. *La esencia de la religión*. Páginas de espuma. 2005.

— *La esencia del cristianismo*. Trotta. 1998.

Feuerbach, L. y K. Marx. *La filosofía del futuro. Tesis sobre Feuerbach*. Claden. 1969.

Jacobi, F. H. "Carta de Jacobi a Fichte sobre el nihilismo". En: *Anales del Seminario de Historia de la Filosofía*, 12. 1995.

Kierkegaard, S. *Las obras del amor*. Sígueme. 2006.

— *Migajas filosóficas o un poco de filosofía*. Trotta. 2004.

Levinas, E. *Dios, la muerte y el otro*. Cátedra. 2005.

— *Totalidad e infinito*. Sígueme. 2002.

— *Nombres propios*. Fundación Emmanuel Mounier. 2008.

Marcel, G. *Homo viator*. Sígueme. 2005.

— *Los hombres contra lo humano*. Caparrós. 2001.

— *Obras selectas I*. Biblioteca de Autores Cristianos. 2002.

— *Obras selectas II*. Biblioteca de Autores Cristianos. 2004.

— *Ser y tener*. Caparrós. 2003.

Mate, R. "Presentación". En: Cohen, H. *La religión de la razón desde las fuentes del judaísmo*. Antrhopos. 2004.

Rosenzweig, F. *El libro del sentido común sano y enfermo*. Caparrós. 2001.

— *El nuevo pensamiento*. Adriana Hidalgo. 2005.

— *El país de los dos ríos*. Encuentro. 2014.

— *Escritos sobre la guerra*. Sígueme. 2015.

— *La estrella de la redención*. Sígueme. 2006.

— *Lo humano, lo divino y lo mundano*. Lilmod-Libros de la Aracauría. 2007.

6. GABRIEL MARCEL.
INTRODUCCIÓN AL MISTERIO

Introducción

Una aproximación al pensamiento de Gabriel Marcel deberá eludir la tentación de "manual de la filosofía" que lo reduce a los márgenes de un "existencialismo cristiano" o a una contraparte de la propuesta sartreana. Si bien es cierto que mantuvo diálogos con ellos, las diferencias y puntos que lo distancian son sustanciales.

Como sucedió con otros autores, la asociación de Marcel con el existencialismo se reforzó por la obra *El existencialismo es un humanismo,* por lo que el autor de *Ser y tener* ha quedado bajo la marca (y sombra) de un existencialismo desfasado que, en su caso concreto, resultaría "de segunda categoría" al tratarse de un "existencialismo cristiano".[173] Debido a su difusión

---

[173] Señaló Sartre en la obra mencionada: "hay dos especies de existencialistas: los primeros, que son cristianos, entre los cuales yo colocaría a Jaspers y a Gabriel Marcel, de confesión católica" (27). Páginas más adelante, con lo cual también insinúa una jerarquía, apuntó "el existencialismo ateo que yo represento es más coherente" (30), aspecto que se refuerza al señalar sobre el origen del existencialismo que "Dostoyevski había escrito: «Si Dios no existiera, todo estaría permitido». Éste es el

popular el epíteto de "existencialista" se ha convertido en la puerta de entrada para la reducción de varios autores, no sólo de Marcel, a enunciados y formulaciones a las que subyacen lugares comunes antes que una aproximación a sus propuestas. Además, esta situación elude declaraciones de los mismos autores, quienes abiertamente expresaron su inconformidad con la agrupación y las pautas dadas por Sartre al categorizarlos como parte del existencialismo.[174]

Para Marcel, su oposición al epíteto de existencialista ha llevado a reforzar el otro prejuicio que atraviesa su lectura: situarlo como una oposición al pensamiento sartreano. Este juicio hace dependiente el pensamiento marceliano al de Sartre. Sin embargo, esto suele omitir la consideración de la fecha de publicación de las obras de los autores.

En cualquier caso, una lectura de la obra de Marcel permite desmentir las dos aseveraciones previas, pues si bien reflexionó sobre la existencia concreta y las formas de relación con el otro, no por ello se adhiere a lo que Sartre expuso como "exis-

---

punto de partida del existencialismo" (42), con lo que ubica en situación de menor coherencia y un inicio comprometido, por su creencia en Dios, a los denominados "existencialistas cristianos" en oposición a los ateos, quienes representarían con mayor propiedad al existencialismo.

[174] Palabras de Marcel respecto del "malentendido" del existencialismo, tanto sobre sí como en relación con Kierkegaard, Heidegger y Jaspers, pueden encontrarse en las páginas de *En camino, ¿hacia qué despertar?* (184-186).

tencialismo", ni se reduce o hace de la existencia el eje único y condición de todo su pensar. Las inquietudes de Marcel le permitieron generar reflexiones propias que, sin negar diversas influencias, le liberan de una reducción a sus interlocutores o lo sitúan en corrientes filosóficas concretas, bien que considerar dichos rasgos permita abonar a la comprensión de su propuesta.

En las páginas subsecuentes se intentará presentar algunas líneas introductorias que permitan una aproximación a la obra de Marcel, más que un intento (por otra parte, absurdo) de agotar su obra, ha de considerarse la invitación a su lectura. Esta aproximación no pretende ser pura, por el contrario, se hace teniendo en miras su vínculo con la reflexión personalista a la que también se le suele vincular. Ello determina la elección y modo de abordaje de los temas aquí propuestos, signados por la persona, su constitución en la intersubjetividad y las formas principales, propiamente humanas, de relación que puedan realizarse entre individuos.[175]

---

[175] Este aspecto puede recordar a Kierkegaard, de hecho, hay quienes suelen encontrar notables similitudes entre ambos autores. Marcel es uno de ellos, por lo que ha reconocido su vinculación al autor danés, aunque más como un compañero al final de su producción que al inicio; esto se debió a que sus lecturas iniciales, fragmentarias, no calaron en él, no fue sino hasta haber presentado ya parte importante de sus propuestas que el francés volvió a una lectura del danés más profunda (cfr. Marcel, Gabriel. "Kierkegaard en mi pensamiento" En: *Kierkegaard vivo*, 51-62; y *En camino ¿hacia qué despertar?*, 53-54).

El recorrido que planteamos es, tras abonar algunos elementos biográficos y una visión sucinta y general de su pensamiento, abordar su trabajo *Posición y aproximaciones concretas al misterio ontológico*[176] como eje para partir a otros trabajos de Marcel. Ello nos permitirá concluir con algunas líneas en las cuales perfilar su relación con el personalismo.

Semblanza

Resulta innegable la influencia de la experiencia vital de un autor en su propuesta. En ese sentido, hay un cúmulo de pensadores para quienes esta vinculación entre vida y obra pareciera sostener parte de su escritura. Gabriel Marcel es uno de estos casos, aspecto que suele reforzar el pensamiento de quienes lo ubican como un "existencialista". Sin embargo, esa nota no es suficiente para reducir su propuesta a una reflexión sobre la existencia propia. Si bien esa proximidad entre vida y obra le permite un diálogo con las diversas filosofías de la existencia y el surgimiento de diversas reflexiones, también deja ver otro tono en su filosofía.

La innegable presencia de la existencia y experiencias vitales se encuentra desde las primeras obras marcelianas, palpable incluso en la tensión surgida de la incapacidad del lenguaje y de formas filosóficas idealistas, de las que es deudor nues-

---

[176] Esta obra posee también una traducción como *Aproximación al misterio del ser. Posición y aproximaciones concretas al misterio ontológico.*

tro autor, con las nuevas problemáticas que atiende. La formación inicial de Marcel se encaminó por la vía idealista,[177] no obstante, la pulsión personal latía ya en sus textos filosóficos y en su inclinación a la dramaturgia[178] a la que también se dedicó. Fruto de su dramaturgia hay varias obras, numerosas críticas y reseñas cuya lectura, en la medida de lo posible, han de acompañar a la de sus trabajos filosóficos para una mejor comprensión. A estas dos vetas, dramaturgia y filosofía, ha de sumarse una incluso más temprana: la música.[179]

---

[177] Por ejemplo, Blázquez Carmona señala: "Entre las primeras lecturas de Gabriel Marcel —a las que alude con amplitud y generosidad a lo largo de su extensa obra— hay que situar las páginas de los idealistas alemanes y de los neohegelianos ingleses o anglosajones" (*La filosofía de Gabriel Marcel*, 85). José Luis Cañas, por su parte, indica que al iniciar su trabajo docente, en 1912, "todavía era un idealista, en todos los sentidos" (*Gabriel Marcel: filósofo, dramaturgo y compositor*, 119).

[178] Julia Urabayen Pérez, que junto con los anteriores presenta el tercero de los que quizá sean los mayores estudios en nuestro idioma para situar a nuestro autor y su pensamiento, señala como las líneas iniciales de su trabajo: "La filosofía de Marcel está profundamente unida a su propia vida. Esta íntima vinculación, que es más clara en sus obras dramáticas, también es patente en sus obras filosóficas, que están llenas de referencias biográficas y de anécdotas. El lector de Marcel, debido a esa presencia constante del autor, conoce a través sus obras no sólo su pensamiento, sino también al hombre, al ser humano" (*El pensamiento antropológico de Gabriel Marcel: un canto al ser humano*, 1).

[179] Señalado por el mismo Marcel dentro de *En camino ¿hacia qué despertar?* Se encuentra la siguiente afirmación: "no me sorprende en absoluto que haya habido un momento, hacia los catorce o quince años me parece, en el que me preguntara seriamente si mi verdadera vocación no era del carácter musical. Pensaba, por supuesto, en una vida de compositor, no de intérprete" (39).

Gabriel Marcel nació el 7 de diciembre de 1889 y murió el 8 de octubre de 1973, ambos en París, siendo hijo de Henry Marcel y Laura Meyer. Respecto a su vida hay varios elementos significativos que encuentran reflejo en su producción intelectual. Los primeros son la muerte de su madre poco antes de que el pequeño Gabriel cumpliera cuatro años y su acogida por parte de su tía, Marguerite, y su abuela, lo que derivaría en el matrimonio de Henry con quien fuese su cuñada cuando Gabriel tenía seis años y medio. Ha indicado Marcel respecto a estos dos elementos que:

> las circunstancias, por otro lado, habían de acentuar notablemente lo que llamaré el carácter trágico de la situación, que hoy me pregunto si no constituye el punto de partida de todo mi desarrollo ulterior, por lo demás, que, por efecto de la visión retrospectiva, los relieves se acusen con una nitidez, con una *dureza* que no tenían para el niño que hoy evoco, por inclinado que fuera a la tristeza y la nostalgia.[180]

Su padre, Henry Marcel, tuvo algunos cargos políticos y estuvo al frente de la Biblioteca Nacional de Francia de 1905 a 1913,

---

[180] *Ibídem,* 23. Según Cañas, la muerte de la madre de Marcel "fue decisivo para su existencia. Hasta tal punto que su vocación inicial de filósofo la engendró [...de esa] dura experiencia" (*Op. Cit.* 21), aspecto que quizá deba complementarse, según lo expuesto por el mismo Marcel, por la dedicación que le dedicó su tía y el matrimonio del que sentía cierta responsabilidad (cfr. *En camino ¿hacia qué despertar?*, 22-23).

lo que permitió a Gabriel Marcel el acceso a una fuerte formación académica y cultural. Su familia materna era judía aunque "no quedaba rastro"[181] de ello, pues eran pertenecientes al protestantismo, no obstante, tampoco fueron practicantes de éste. Su padre era agnóstico, a pesar de ser amante del arte cristiano que presentó a su hijo junto con la literatura que solía leerle. Debido a los viajes y estancias de trabajo de su padre, así como el carácter propio de Gabriel, nuestro autor se vio privado de muchos amigos durante su infancia, por lo que el pequeño solía encontrar refugio en su imaginación, rasgos que en posterior darían pie a la redacción de sus obras de teatro.

Tras sus estudios y formación filosófica se dedicó a la docencia aunque con pocos resultados debido a la poca concurrencia de alumnos y a su nula identificación con la burocracia que rodea a la práctica docente.[182] Durante las guerras continuó con su labor, encontrando, quizá por el contexto, un espacio para el encuentro humano. Ante la distancia de las aulas, "el método participativo le lleva a más coherencia, a más confianza. Es la experiencia lo que vale. La filosofía se hace en la tertulia, en el debate, en el diálogo con los amigos",[183] lo que derivará en los círculos de estudio y las tertulias en su casa durante dos pe-

---

[181] *Ibídem,* 53.

[182] Escribió al respecto José Luis Cañas: "no es que la enseñanza en sí le desagradara, lo que no soportaba era el rígido sistema escolar francés" y cita a Marcel "decididamente, la enseñanza secundaria me repugna" (*op. cit.* 120).

[183] *Ibídem,* 121.

riodos: el primero entre 1933 y 1939, luego, a partir de 1944. Sin embargo, estas últimas sesiones se vieron afectadas por el influjo sartreano y "de izquierda". La influencia de pensamiento que llevaría años más tarde en los movimientos de 1968, generaron una baja en la afluencia de las reuniones, así como de la influencia general del pensamiento de Marcel.

Pese a las vicisitudes, la importancia de aquellas reuniones puede constatarse a través del conteo de algunos de sus participantes, pues a ellas se dieron cita autores como Paul Ricoeur, Raymond Aron, Nikolái Berdadiáiev, Gaston Fessard, Jean Wahl, Maurice Nedoncelle, entre otros.

Hay tres elementos más por destacar sin que ello intente cubrir su vida sino dar cuenta de algunos puntos que nos permitan considerar a nuestro autor. Se trata de las guerras mundiales, su matrimonio y su(s) conversión(es).

Durante la Primera Guerra Mundial, Gabriel Marcel trabajó con la Cruz Roja atendiendo a los familiares de los combatientes desaparecidos, una tarea que supondría llevarse a cabo bajo la indiferencia protectora de los registros. La transmisión de datos para Marcel se convirtió en un espacio de encuentro con profundas dimensiones de lo humano, lo cual desembocó en la ruptura definitiva con el idealismo.[184]

---

[184] Señaló en sus memorias: "Lo que estaba en mi mano era por lo menos acoger a estas gentes que venían a mí de manera lo bastante humana y personal como para que no tuvieran la impresión de dirigirse a una ofi-

La Segunda Guerra Mundial, como en la mayoría de los autores de la época, conmocionó a Marcel por ver en ella el desenlace de una concepción humana funcionalizada, atada al ámbito del tener y lo problemático con el respaldo de un avance tecnológico que planteaba la posibilidad de la destrucción humana por mano propia. El peligro se hizo evidente en más de una dirección, lo que generó una profundización en los temas ya abordados hasta entonces.

Con el final de la Primera Guerra Mundial viene el matrimonio de Marcel con Jacqueline Boegner, protestante, con quien adoptó en 1922 a Jean-Marie; estos dos aspectos lo movieron a futuras reflexiones sobre la familia y la paternidad. Años después, al redactar sus memorias, lo rememoró Marcel: "Fue un momento de gracia que aún hoy palpita en mí. La adopción adquiriría aquí pleno sentido. ¿Éramos nosotros los que elegíamos? ¿No éramos más bien nosotros los elegidos?"[185]

Finalmente, resta hacer mención de sus dos conversiones. La primera de ellas la remite al campo de la reflexión en su separación del idealismo y, la segunda, en su conversión al catolicismo, credo del que recibió el bautizo el 23 de marzo de 1929. De tal dejó constancia en su diario con las palabras: "He sido bautizado esta mañana con una disposición interior que

---

cina o ventanilla. Creo que esto fue muy importante, porque fue en el fondo como un primer aprendizaje de la intersubjetividad tal como había de definirla mucho más tarde" (*En camino ¿hacia qué despertar?*, 75).
[185] *Ibídem*, 99.

apenas me atrevía a esperar: ninguna exaltación, sino un sentimiento de paz, de equilibrio, de esperanza, de fe".[186]

Estos puntos atraviesan de modo directo o indirecto su propuesta, convirtiéndose en faros seguros para franquearla. Sin embargo, y como ya ha sido enunciado, resultaría un error reducir la relevancia de su pensamiento a un mero reflejo o romantización filosófica de su experiencia vital.

Rasgos generales de su pensamiento

Un rasgo importante del pensamiento de Marcel es su asistematicidad. Ésta se plantea en las dos dimensiones metodológicas del concepto, es decir, por un lado, la propuesta no posee la pretensión de realizar una explicación del todo, de "un sistema filosófico"; por el otro, debido a que su forma de expresión tampoco es dada como una derivación ordenada y sistemática de premisas y desarrollos argumentales. Estos rasgos hacen que la obra filosófica de Marcel aparezca impropia, o por lo menos compleja, a más de un lector, empero, no demerita en aspectos de mayor profundidad su quehacer filosófico.

Se ha indicado ya la vinculación y antesala de su dramaturgia ante la reflexión filosófica,[187] pero también en esta última hay

---

[186] *Ser y tener*, 25.

[187] Declara el autor en referencia a las obras dramaturgia: "es en ellas donde mi pensamiento se encuentra en su estado original, como surgió inicialmente" (*El misterio del ser*, 30).

rasgos que no resultan muy propios a cierta tradición como es la reflexión a través de un diario filosófico (*journal*), el proceder mediante el intento de la comprensión de situaciones concretas, la reflexión segunda o, incluso, la exposición de su pensamiento a través de conferencias antes que a través de sus obras o "libros".

Su asistematicidad es propia de los motivos de su reflexión, centrada y surgida del intento de comprensión de situaciones concretas que se excluyen de la posibilidad del sistema y la generalidad que lo acompaña. Como se verá con mayor insistencia en autores posteriores, el estilo mismo de la reflexión y su escritura es una forma de resistencia, de oposición al sistema e incluso al lenguaje en tanto extensión del sujeto autofundante y su dimensión aprehensiva, reductora y limitante. La apuesta marceliana es por la intersubjetividad, el misterio, lo concreto y, de este modo, su proyección escrita deviene primeramente dramaturgia y, sólo después, filosofía, a pesar de no presentarse a la manera de un tratado formal, "tradicional".[188]

---

[188] Me permito una cita un tanto extensa que además vincula lo enunciado con el tema del existencialismo: "Si hay, como pienso, una filosofía de la existencia, no creo que pueda convertirse en un *ismo* sin traicionarse. Esto es particularmente patente en lo que a mí se refiere. Lo he dicho ya y no lo repetiré nunca con suficiente insistencia: es en mi teatro ante todo donde se manifiesta el carácter existencial de mi obra, y no es ciertamente una casualidad el que no haya escrito nunca un tratado del tipo *L'être et le néant*, en el que mi pensamiento se habría concretado en formas transmisibles. Dichas formulas me han parecido siempre no sólo poco fiables sino incluso susceptibles de desorientar al lector: pierden lo más claro

Para aproximarnos a la reflexión de Marcel, es preciso aceptar con él que "un valor no es nada si no está encarnado […] ¿Qué significa que un valor toma cuerpo? Lo propio del valor […] es asumir una cierta función respecto de la vida y como imprimirle su sello".[189] La filosofía como el lenguaje, si los consideramos desde esta perspectiva, en tanto valores, adquieren una función respecto de la vida y le imprimen un sello, de modo que no deberían traicionarla pues, continua la cita:

> Todavía falta para esto que el valor se incorpore a una causa. Me parece, en efecto, que se puede adoptar aquí, en sus líneas principales, la tesis presentada con tanta fuerza por el filósofo Royce […] Una causa no es impersonal, sino más bien supra-personal; es un cierto tipo de unidad que reúne una pluralidad de personas dentro de una vida común. A partir de ahí se establece entre el individuo y la causa a la que sirve una relación de un tipo especial que puede denominarse lealtad (*loyalty*); no es una renuncia mística, sino un apego plenamente consciente que supone la libre subordinación a un principio superior.[190]

Deudor de un idealismo con el que rompe, Marcel realiza un diálogo y se forma a partir de autores como Bergson (a quien dedicó su *Diario metafísico*) y, siguiendo el estudio de Bláz-

---

de su significación cuando se sacan de su contexto" (*En camino…*, 186).
[189] *Homo viator*, 167.
[190] *Ídem.*

quez Carmona, enunciamos a Hocking, Bradley y Royce; así como afinidades y distancias con Kierkegaard, Jaspers, Heidegger y Rilke; por mencionar algunos.[191] Sin embargo, también es preciso continuar las líneas de Marcel quien, como indican sus fuentes, sin dificultades admite sus limitantes al señalar: "quizá convenga añadir que en un momento como éste, con el estructuralismo y otras modas de pensamiento que empieza a proliferar y que me son extrañas".[192]

Posición y aproximaciones concretas al misterio ontológico como eje

Si bien la obra teatral de Marcel quedará soslayada en el presente, hay unas líneas de *El mundo quebrado* que puestas en labios de Christiane resultarán determinantes para sus reflexiones filosóficas:

> ¿Tú no tienes la impresión, a veces, de que vivimos…
> si esto puede llamarse vivir… en un mundo roto? Sí,
> roto como un reloj. El resorte no funciona más. En
> apariencia nada ha cambiado. Todo está en su sitio.
> Pero si uno se lleva el reloj al oído… no se oye nada.
> ¿Comprendes?, el mundo, lo que llamamos el mundo, el mundo de los hombres… hace tiempo debía

---

[191] Cfr. Blázquez Carmona, F. *La filosofía de Gabriel Marcel. De la dialéctica a la invocación*, especialmente "Capítulo III. – Fuentes y referencias filosóficas en la obra de Gabriel Marcel".
[192] *Filosofía para un tiempo de crisis*, 13.

tener un corazón. Pero se diría que ha dejado de latir. Laurent prepara reglamentos, papá está abonado al Conservatorio y mantiene, con tacañería, a una damita; Henri se prepara a dar una vuelta al mundo…[193]

La pérdida de este corazón, de este latir, es también la pérdida del misterio. Aunque "todo está en su sitio", "el mundo de los hombres" ha cambiado, "dejado de latir", y los individuos se reducen a sus sujeciones, a actividades, funciones que les impiden acceder a la intersubjetividad, a la esperanza y a la fidelidad.

El tema del misterio es una de las transversales de mayor peso en el pensamiento de Marcel. La conferencia *Posición y aproximaciones concretas al misterio ontológico*,[194] una de las obras más representativas del autor y presentada en la Sociedad de Filosofía de Marsella en 1933, aborda de forma condensada este tópico, al igual que un repaso por significativos puntos de su pensamiento. La exposición de esta conferencia coincide con la publicación original de la misma como apéndice de la obra ya citada (*El mundo quebrado*, o, como también figura su traducción, *Un mundo roto*).

Luis Villoro señaló la importancia de *Posición y aproximaciones…* al indicar que "este ensayo reúne claramente, por prime-

---

[193] Acto I, Escena IV.
[194] En adelante *Posición y aproximaciones…*

ra vez, las dos vertientes en que podía haber parecido dividida la filosofía marceliana: la preocupación ontológica y la descripción existencial".[195] Aseveración bastante acertada, cuya confirmación encontramos en la caracterización inicial de Marcel, coincidente con las líneas citadas de su dramaturgia. En la conferencia, puede leerse, a modo de diagnóstico, "un hombre que carezca del sentido ontológico, del sentido del ser, o mejor dicho, que haya perdido conciencia de poseerlo. De modo general así es el hombre moderno, y si la exigencia ontológica lo socava aún, lo hace sordamente, como una oscura erupción".[196]

La aproximación al misterio ontológico se inicia por constatar dos yerros que atraviesan al idealismo y consisten, uno, en la eliminación de la conciencia al aproximarse al ser y, el otro, en el mero preguntar por el ser. Por el contrario, Marcel plantea la importancia de quien pregunta y la exigencia de un posicionamiento, en otras palabras, considerar cómo la pregunta por el ser supone la afirmación o negación de una consciencia o una (inter)subjetividad que no puede dejarse de lado o reducirse a una función pensante que cuestiona desde la neutralidad. Abordar el ser es abordar la pregunta por el yo de quien realiza el abordaje, pero, a diferencia de Heidegger, en Marcel esto supone una intersubjetividad. Para Marcel, en un abordaje como el idealista el ser y el yo "se destruyen de algún modo *en*

---

[195] En "Prólogo" a *Posición y aproximaciones…*, 6.
[196] *Posición y aproximaciones…*, 11.

cuanto problemas".[197] Ahora bien, ¿qué significa esta destrucción "en cuanto problemas"?

La pregunta por el ser "se encuentra allende el mundo de los problemas: es meta-problemática",[198] es decir, se trata de un cuestionamiento que trasciende la oposición tradicional de sujeto-objeto, donde el primero afirma al segundo. Por el contrario, es en la afirmación o negación de lo interrogado que se da en la afirmación o negación de quien cuestiona. Se trata "más bien del ser *afirmándose* [...], es reconocer que el conocimiento está envuelto por el ser que, en cierta forma, le es interior"[199] y, podríamos agregar, anterior.[200]

Es entonces menester aproximarnos a la diferencia entre misterio y problema, aspecto que también recorre páginas de *Ser y tener*. De esta última obra retomamos:

Distinción entre lo misterioso y lo problemático. El problema es algo que se encuentra, que obstaculiza el

---

[197] *Ibídem* 26, en este caso y en los siguientes, las cursivas proceden del original.

[198] *Ibídem*, 28-29.

[199] *Ibídem*, 29.

[200] Continúa Marcel sobre la implicación de esto para el conocer en general: "Desde esta perspectiva, contrariamente a lo que se esfuerza en vano por establecer la teoría del conocimiento, existe pura y simplemente un misterio del conocer; el conocimiento se suspende en un modo de participación del cual ninguna epistemología puede esperar dar cuenta, porque ella misma lo supone" (*ídem*).

camino. Se halla enteramente ante mí. Al contrario, el misterio es algo en lo que me encuentro comprometido, cuya esencia consiste, por consiguiente, en no estar enteramente ante mí. Es como si en esta zona la distinción entre lo *en mí* y lo *ante mí* perdiera su significación.[201]

Esta distinción, aparentemente ubicable en el plano teórico, tiende a mostrar frágiles fronteras en la existencia. Genera una dialéctica que lleva del misterio al problema y habitualmente concluye con la degeneración del misterio, en su reducción a problema. De este modo, el problema, al confrontarse con la imposible objetividad, en su pretensión de ajenidad y aunque "ante el observador", sólo brindará pautas sesgadas en sus intentos de dotar de respuesta al cuestionador concreto. Marcel es categórico: "No es posible trazar una línea limítrofe entre el problema y el misterio".[202]

---

[201] *Ser y tener*, 93. Esta parte se corresponde con el *Diario metafísico (1928-1933)* que ha encontrado ediciones de forma independiente.

[202] *Posición y aproximaciones…*,31. Se complementa también en la obra al señalar respecto del misterio que "un misterio es un problema que tropieza con sus propios datos, que los invade y, por ende, se rebasa como simple problema" (30). Y complementa líneas más adelante: "un misterio puesto ante la reflexión tiende inevitablemente a degradarse en problema" (31). Cuestiona así al problema que tropieza con sus propios datos pues, en determinado momento, todo problema encuentra una tendencia al misterio, no obstante, más usual resulta lo segundo, la degradación del misterio en problema.

Aunque el mal es un ejemplo claro de esta degradación,[203] el amor es donde con mayor propiedad "vemos borrarse la frontera entre lo *en mí* y lo *ante mí*",[204] pero también en eso a que referimos como "mi vida" y "mi cuerpo". Sin embargo, en ellos, en el *recogimiento* mediante el cual los apropiamos, también se expresa una distancia, "el intervalo entre mi ser y mi vida"[205] que puede remitirlos nuevamente al problema. ¿Cómo,

---

[203] Según *Posición y aproximaciones…*, 31. Este ejemplo se explicita más en *Filosofía para un tiempo de crisis* cuando al abordar "El encuentro con el mal" (175-195) se indica en el segundo párrafo: "En mi opinión, no hay apenas otra cuestión en el curso de la historia en que los filósofos hayan mostrado con mayor claridad su impotencia. Muy a menudo, en sus esfuerzos por desembarazarse de un problema molesto, lo que han hecho es eludirlo, y así sustituyen la realidad del mal por simples conceptos, con los cuales es francamente fácil ejecutar juegos de manos. Por fortuna hay excepciones" (175). Lo aquí referido al mal es, sin dudas, la marca de toda degradación del misterio en problema, pues la reflexión, a través del concepto, tiende a convertir la situación en cuestión en aquello que permite, más que un involucramiento, "ejecutar juegos de manos", distracciones, lo que no excluye que a pesar de un inicio viciado sean de notoria profundidad académica.

[204] *Posición y aproximaciones…*, 32.

[205] *Ibídem*, 40. Respecto del cuerpo indicó: "al hecho de que es *mi* cuerpo. El carácter, al mismo tiempo misterioso e íntimo de la vinculación" (*Ser y tener* 12), pese a tratarse de la entrada a la reflexión sobre la encarnación ("dato central de la metafísica" [13], en *De la invocación a la negación*, Marcel dedica el primer apartado a este tema), "de este cuerpo yo no puedo decir siquiera que es yo, ni que no es yo, ni que es para mí (objeto)" (*ídem*). Un ejemplo de esta imposibilidad de realizar una identificación o "traducción" del misterio lo brindó Marcel al señalar la incapacidad para dar cuenta de la vida propia a través del diario (Cfr. *El misterio del ser*, 147 ss.).

entonces, permitir que se mantenga ese "lazo frágil" que nos distancia del problema?

El distanciamiento de la razón, vinculado por Marcel con un proceder propio del *cogito* cartesiano,[206] remite al problema, mientras que plantea una "reflexión segunda", donde se presenta "el recogimiento en la medida en que es capaz de pensarse a sí mismo",[207] una "reflexión recuperadora. [Pues…] la reflexión primaria […] es la encargada de romper el lazo frágil al que se refiere aquí la palabra *mío*".[208] La reflexión por el cuerpo, ante mí, no será nunca la reflexión por el cuerpo en mí, a través y en el cual soy sin por tal reducirme a él, incluso si "yo no puedo tratarme en absoluto como un término distinto de mi cuerpo, que estaría con él en una relación determinable. […D]esde el momento en que el cuerpo es tratado como objeto de ciencia, al mismo tiempo me exilio al infinito".[209]

Esta reflexión segunda se constituye en el plano de una reciprocidad y reconocimiento ajenos a lo problemático. Al negar el misterio, el sujeto queda arrojado al deseo y el temor, imposibilitado para mantener relaciones entre los humanos quienes han quedado signados por la funcionalización. Para Marcel, estos rasgos son consecuencias (y caracterizacio-

---

[206] Cfr., por ejemplo, en *El misterio del ser*, 93.
[207] *Posición y aproximaciones…*, 43.
[208] *El misterio del ser*, 92.
[209] *Ser y tener*, 14.

nes) del mundo contemporáneo y, tras la Segunda Guerra Mundial, no harán sino agudizarse. La conferencia de Marcel que hemos seguido, se iniciaba con una caracterización del humano y la sociedad que le eran contemporáneas, de ese punto ha atravesado a lo misterioso y, de nueva cuenta, retorna a la caracterización inicial, no obstante, ahora lo realiza atravesado por los conceptos que se han desarrollado e incorporado, consecuencia de aquellos o, con mayor propiedad, de su ausencia.

En la segunda mitad de *Posición y aproximaciones...* Marcel ha vinculado la técnica con el deseo y el temor, poniendo así de manifiesto a un mundo y a sus habitantes dentro de lo funcionalizable y la desesperación. Aunque en una cita un poco extensa, retomemos parte de dicho documento:

> El mundo de lo problemático es al mismo tiempo el del deseo y el temor, que no se pueden separar uno del otro; es también, sin duda, el mundo funcionalizado o funcionalizable [...]; es, en fin, el mundo en donde reinan las técnicas cualesquiera que sean. No hay técnica que no se ponga directamente o que no pueda ponerse al servicio de tal o cual deseo, de tal o cual temor; e inversamente, todo deseo o todo temor tenderá a inventar técnicas que le sean apropiadas. Desde esta perspectiva la desesperación consistirá en reconocer la ineficacia última de las técnicas, sin consentir o lograr colocarse en un terreno en el que toda

técnica se reconocería incompatible con los caracteres fundamentales del ser, que, por esencia, escapa a nuestro alcance.[210]

Los rasgos de la existencia y del mundo al que ésta queda arrojada mediante lo problemático son "la razón por la cual puede parecer que hemos entrado hoy en la edad misma de la desesperación".[211] La técnica vinculada con el temor y el deseo; y la desesperación como rasgo predominante de la época, son las bases desde las cuales se construye la funcionalización humana. Son estos temas recurrentes en la reflexión marceliana, no como puntos de llegada, sino de diagnóstico.

En la funcionalización, "el individuo ha llegado progresivamente a tratarse a sí mismo como un agregado de funciones cuya jerarquía le parece problemática, sujeta, en todo caso, a las interpretaciones más contradictorias".[212] La vida deviene material contable según las funciones que ha de desempeñar.

---

[210] *Posición y aproximaciones…*, 53.

[211] *Ibídem*, 54.

[212] *Ibídem*, 12. Prosiguen las líneas remitiendo a las funciones vitales y sociales, así como a las psicológicas, por lo "que su autonomía será precaria, su especificidad controvertida" (12-13).

La vida en "un mundo excesivamente funcionalizado nos resulta deficiente respecto a ciertos valores",[213] pues ha dado la primacía a la técnica y, de este modo, al temor y al deseo en desprecio de toda actividad creadora,[214] esto "en la medida en que deshumaniza al hombre, en que lo desarraiga de su centro reduciéndolo a un conjunto de funciones que no se comunican entre sí",[215] concluyendo en una sustitución del ser por el tener. Hay, pues, que "distinguir entre la función y el acto, pues el acto escapa manifiestamente a la categoría del tener. Desde el momento en que hay creación, sea del grado que sea, estamos en el ser".[216]

Ante el individuo atrapado en el mundo de la técnica, "cada vez más incapaz de dominarla o aun de *dominar su propio dominio*",[217] Marcel plantea la reflexión de segunda potencia y la esperanza como posibilidades para recuperarse.

De la reflexión a la segunda potencia o reflexión segunda han sido ya enunciados algunos elementos, que sin agotar el tema podrán dar cierta pista. No obstante, es preciso traer a colación un punto, señalado en *Ser y tener* que permite poner de manifiesto su importancia para el pensamiento marceliano (especialmente en la forma en que se ha venido desarrollando

---

[213] *El misterio del ser*, 231.

[214] Cfr. *Ibídem*, 234.

[215] *Ser y tener*, 196.

[216] *Ibídem*, 139.

[217] *Posición y aproximaciones…*, 54.

en este trabajo): "El conocimiento interior al ser, envuelto por él: misterio ontológico del conocimiento. No podrá ser conseguido sino por una reflexión a la segunda potencia que se apoye sobre una experiencia de la presencia".[218]

La esperanza, por su parte, es también uno de los grandes temas de Marcel y su presencia permea igualmente sus obras filosóficas y teatrales. A este respecto, por ejemplo, el teólogo Hans Urs von Balthasar ha señalado "refiriéndonos al filósofo de la esperanza de nuestro siglo. No estoy pensando en Bloch, sino en Gabriel Marcel".[219]

La caracterización de la esperanza dada en *Posición y aproximaciones…* consiste en "que hablando metafísicamente, *la única esperanza auténtica es la que se dirige a lo que no depende de nosotros,* aquella cuyo móvil es la humildad, no el orgullo".[220] En otras palabras, la esperanza resulta ajena a la técnica (que depende de nosotros) y al deseo (basado en el orgullo, en el merecimiento y el querer). La esperanza, en Marcel, pone de manifiesto una afirmación que involucra una crítica a la modernidad e incluso a algunos de sus críticos: hay pasividad en lo humano y la voluntad puede manifestarse a través de ella sin traicionarla.[221]

---

[218] *Ser y tener*, 107.

[219] Balthasar, H. U. *Tratado sobre el infierno. Compendio*, 63.

[220] *Posición y aproximaciones…*, 56.

[221] Señaló en *Posición y aproximaciones…*: "La idea de una esperanza inerte es, en mi opinión, contradictoria" (59).

Para Marcel "no hay esperanza más que al nivel del nosotros, del ágape, y no al nivel de un yo solitario que se obnubilaría con sus fines individuales".[222] Sin disponibilidad, en la negación de la apertura al otro y al tiempo como horizontes, la esperanza se hace imposible. Por el contrario, la esperanza surge donde el individuo no puede por sí mismo y, no obstante, espera, profetiza en tanto alza la voz a un futuro que desconoce y, sin embargo, es posible. La esperanza es la posibilidad de un tiempo abierto,[223] así como de una subjetividad que igualmente podríamos señalar como abierta y, en este sentido, intersubjetividad, disponibilidad.

Contrario a la esperanza, y siguiendo la obra que nos ha servido de base, Marcel ha planteado que "el orgullo consiste en no encontrar fuerza más que en sí mismo; cercena, a quien lo padece, de cierta comunión de los seres, y a la vez tiende a quebrarla; actúa como un principio de destrucción".[224] Estas líneas a las que la fuente sigue una relación del orgullo con los análisis griegos sobre la *hybris* o con los de la teología cristiana, son en ese mismo sentido una de las críticas (quizá un tanto veladas) a la modernidad y que parecen compartir la mayoría de los autores que podemos ubicar en el personalismo

---

[222] *Homo viator*, 20.

[223] En el artículo "The structure of hope" señaló: "The opposition between despair and hope is an opposition between closed time and open time" (607).

[224] *Posición y aproximaciones…*, 57-58.

dialógico o que, sin más, han reflexionado sobre el otro: a la autofundamentación moderna del sujeto a través de la razón subyace, antes que un desarrollo de lo propio, orgullo.

La modernidad parte de la consideración de una autofundamentación del yo que se manifiesta y afirma mediante los procesos de (auto)conciencia del sujeto de conocimiento que, pudiendo o no encontrar sustento en lo divino, el cosmos o el otro, recorre la travesía de la autoconciencia de sí hacia sí. En esta autoafirmación, la ética se desplazada a un segundo plano, en el cual el sujeto construye las condiciones para su propia construcción. Consecuencia de ese desplazamiento de la ética es que el reconocimiento del otro devenga una epifenómeno de la autoconciencia.

Considerar al otro supone la reflexión sobre formas específicas de la subjetividad (intersubjetividad en el caso de Marcel), para evitar la permanencia en la autoafirmación y autofundamentación modernas, problemáticas. En la problematización moderna hay grietas que el autor de *Ser y tener* vislumbró para encontrarse con el otro. Estas fracturas de la autoconciencia resultan terreno fecundo en el cual surge la relación con el otro y un encuentro consigo mismo en el misterio. Fuera de la funcionalización, es posible la construcción de la intersubjetividad. Es en las fisuras del planteamiento moderno donde puede asomar una reflexión por el verdadero fundamento de la subjetividad, el otro, que, de ser considerado un agente secundario, obviado, se descubre como base, no ya del pensar de estos autores, sino del filosofar mismo, del tiempo y de un modo de ser que se encuentra, como señala Levinas en el título de una de sus obras, *De otro modo que ser o más allá de la esencia*. Sin embargo, la reflexión de Marcel no es planteada en estos últimos términos levinasianos.

A partir del paralogismo de pensar el ser sin involucrarse en o con el ser, la obra que hemos seguido de Marcel plantea una caracterización del mundo legado por la modernidad, sobre ella reflexiona las alternativas para recuperar*se* en él y en su transcurso denota que este encuentro es imposible sin el otro. El yo del *cogito* deviene una función más, una mascarada que encubre la intersubjetividad para plantearse sobre el terreno de una desposesión y una desvinculación opuesta a la experiencia donde el yo, como el niño, necesita del otro no sólo para afirmarse, sino para llegar a sí.[225]

Situado en el tener, lo problemático envuelve a los hombres, les arroja a la técnica y al deseo y temor que le subyacen. Años más tarde, en 1951, Marcel reunió una serie de trabajos que intituló *Los hombres contra lo humano*, título que refleja las consecuencias del tener y lo problemático en una época si-

---

[225] En *Homo viator* el capítulo "Yo y el otro" (25-40) plantea, a través del ejemplo del niño que lleva flores a su madre, la conformación de la identidad a partir de la relación. A esto podría aunarse la necesidad de socialización humana para la formación del lenguaje y el pensamiento, entre otros ejemplos, que contrarían la "autofundamentación" que la conciencia ya "formada", pueda alzarse sobre sí al afirmarse independiente.

tiada por el peligro de la autodestrucción. La obra, a pesar de analizar el pesimismo y la degradación que ha marcado la pérdida de la libertad a través del servilismo fanatizado y envilecido, es también un llamado a conservar la esperanza, la disponibilidad y la alerta de los ciudadanos, pero también del filósofo, a reconsiderar su ser y quehacer.

El primer trabajo ahí presentado, "¿Qué es un hombre libre?", posee también entre sus primeras líneas una aseveración sobre la condición humana:

> Decir que el hombre agoniza únicamente significa que se encuentra no ante un acontecimiento exterior como la aniquilación de nuestro planeta, que podría ser la consecuencia de un cataclismo sideral, por ejemplo, sino en presencia de las posibilidades de destrucción completa de sí mismo que hoy aparecen como residiendo en él a partir del momento en que hace mal uso, un uso impío, de las potencias que lo constituyen.[226]

Este peligro, abierto por toda guerra y la expansión de los totalitarismos, se había concretado ya en la Segunda Guerra Mundial, pero también en su desenlace con una técnica cuyo despliegue sólo intentaba demostrar la capacidad destructiva, como una advertencia de lo que podría aveci-

---

[226] *Los hombres contra lo humano*, 27-28.

narse. Marcel señaló, nuevamente, a través de situaciones concretas del mundo a él contemporáneo, la necesidad de evitar la mera abstracción, la destrucción de lo humano por la técnica venida del tener y sustentada en lo problemático, peligro del cual el filósofo no escapa, por el contrario, sucumbe continuamente a través del arrojo a la desesperanza, al "tomar postura más que nada sobre el papel"[227] y perderse en la abstracción, entre otras.

Retornemos, no obstante, a 1933. Para Marcel, la abstracción, expresada a través de principios, plantea la base de una traición, una negación de la presencia que imposibilitaría la esperanza, la fidelidad y la creación.[228] La creación, de la mano de la fidelidad y la esperanza, involucra un recogimiento que permite "recobrar el contacto con mis bases ontológicas",[229] escapando así a la degradación de la técnica que "imita, se repliega en sí, o se hipnotiza, se crispa sobre sí misma",[230] pues toda creación, "la creación estética, lo mismo que la investiga-

---

[227] *Ibídem*, 86.

[228] En palabras del autor: "Un principio, mientras se reduzca a una afirmación abstracta, nada puede exigir de mí, pues debe toda su realidad al acto por el cual yo lo sanciono o lo proclamo. La fidelidad al principio en cuanto principio es una idolatría en el sentido etimológico de la palabra [...]: al continuar conformando mi conducta con él, en el fondo me traiciono a mí mismo – a mí mismo en cuanto presencia" (*Posición y aproximaciones*, 63-64).

[229] *Ibídem*, 61. Modificada para mantener la concordancia con la redacción.

[230] *Ibídem*, 60.

ción científica, excluyen en realidad el acto por el cual el yo se centra, se enfoca en sí mismo".[231]

Se precisa entonces de una fidelidad creadora, idea que Marcel ubica en esa permanencia en la relación ontológica cuyos efectos son creadores a través de las diversas actividades humanas, la esperanza incluida. Ante la dispersión y el orgullo, la fidelidad creadora es apertura al tiempo y al ser, es decir, disponibilidad que permite a la intersubjetividad el recuperarse a sí en la dimensión relacional, siempre vinculada a la esperanza, pues el otro puede lo que yo no. Cobra aquí otro significado o su significado propiamente tal la frase ya cliché de "esperar lo inesperado".

La presencia no es un mero estar ahí, reducido a un tener, se corresponde al ser, "pues sólo es un ser para mí si es una presencia"[232] y, en la misma medida, sólo se adentra en el ser quien es presencia: "entre él y yo se anuda una relación que en cierto sentido desborda la conciencia que pudiera cobrar de él; ya no está únicamente delante de mí, está también en mí; o, con mayor exactitud, esas categorías resultan rebasadas, carecen ya de sentido".[233] Se trata de una intimidad, incluso perdurable tras la muerte.[234] La participación

---

[231] *Ibídem*, 61.

[232] *Ibídem*, 69.

[233] *Ibídem*, 70.

[234] En esta idea se cifran dos aspectos más de la propuesta de Marcel. Uno

remite no sólo a un estar en y con, sino a ser en y con, es conmigo.

> *Conmigo*: advirtamos aquí el valor metafísico de esa palabra "con", que tan raramente han reconocido los filósofos y que no corresponde ni a una relación de inherencia o de inmanencia, ni a una relación de exterioridad. Será esencial —me veo obligado a adoptar aquí la palabra latina— a un *coesse* auténtico, es decir, a una intimidad real.[235]

Esta intimidad de presencias mutuas, propia de una consideración en el ser y en la disponibilidad presenta una reciprocidad entre los seres, mientras que "en el corazón de la indisponibilidad encontraremos siempre cierta enajenación",[236] "no sólo ocupado consigo, sino entorpecido por sí

---

es el asentamiento cristiano como parámetro de la resurrección ("toda esperanza es esperanza por la resurrección, y estos dos términos están conectados al grado de que no pueden ser comprendidos uno sin el otro" [*The Structure of Hope*, 609. La traducción es propia]), pues a ella subyace el reconocimiento de la imposibilidad de lograrla por sí mismo y sólo puede afianzarse en su sentido profético en la relación con lo divino; el otro, expresado primeramente en el teatro y posteriormente recuperado en *El misterio del ser*, que señala: "Amar a un ser [...] es decir: tú no morirás" (249), pues la intersubjetividad remite a un *coesse*, ser-con.

[235] *Posición y aproximaciones...*, 71.

[236] *Ibídem*, 74.

mismo",[237] una salida del *coesse* para arribar al pesimismo y lo problemático.

Marcel y el personalismo

La propuesta marceliana, mirada desde el personalismo, puede abordarse desde varios ángulos que ya han quedado perfilados en la parte previa y que resta puntualizar más que desarrollar.

Hay una crítica a la constitución del sujeto a partir de la mera conciencia, esta posición es considerada por Marcel como una ilusión degradante y parcial. Es en la intersubjetividad donde se presenta el ser, no en la separación artificial que pretende hacer abstracción de la vida y relaciones de los individuos como sucede con el *cogito* y las formas de identidad de él derivadas, signadas por el orgullo de un sujeto que se pretende capaz de autofundamentación. Le va al sujeto, en esta autoafirmación, la negación de experiencias concretas y propias que se cifran bajo los conceptos de *esperanza, participación, creación* y *fidelidad* para arrojarse a la traición y desesperación de la permanencia bajo una idea venida de una técnica que sólo encuentra "objetos" a su paso, problemas a resolver y ante los cuales permanecer, estar, indemne, en las fronteras del tener.

---

[237] *Ibídem,* 77.

Derivado de este punto, la intersubjetividad supone un reposicionamiento de la ética al posicionar la dimensión relacional como un rasgo propio de la condición humana. Se abre así una posibilidad que elude, al tiempo que crítica, las opciones venidas de un individualismo exacerbado y el colectivismo, ubicando a los individuos, en cuanto relacionados, como la expresión humana por excelencia.

En la intersubjetividad propuesta por Marcel hay un reconocimiento de la vida entendida desde sus experiencias concretas y como impulso, pero también del cuerpo y la historia propios, no obstante, posiciona al yo como irreductible a las mismas, incluso irreductible a sí mismo por la intersubjetividad misma.

El individuo, ante las falsas disyuntivas entre el colectivismo y el individualismo o entre la abstracción y el existencialismo, encuentra en Marcel una confirmación de su hondura y participación que le permiten una comprensión de sí con los otros, del amor y la fe en tanto dimensiones de relaciones personales, interpersonales, que escapan a todo reduccionismo sin negar el hecho de que nos encontramos inmersos en ese peligro, reducidos por el temor y el deseo a una técnica cifrada en el tener.

Cerremos con unas líneas de Marcel que permitirían dar coordenadas al pensar: "Si llega a decirse que la razón debe proceder haciendo entera abstracción de todo lo que no le esté universalmente dado a un ser pensante cualquiera que sea, diría yo que se trata de una pretensión abusiva y, en último análisis, de una ilusión".[238]

REFERENCIAS BIBLIOGRÁFICAS

Balthasar, H. U. *Tratado sobre el infierno. Compendio.* Edicep. 2009.

Blázquez Carmona, F. *La filosofía de Gabriel Marcel. De la dialéctica a la invocación.* Encuentro. 1988.

Cañas, J. L. *Gabriel Marcel: Filósofo, dramaturgo y compositor.* Palabra. 1998.

Marcel, G. *Aproximación al misterio del ser. Posición y aproximaciones concretas al misterio ontológico.* Encuentro. 1992.

— *De la invocación a la negación.* En: Marcel, Gabriel. *Obras Selectas II.* Biblioteca de Autores Cristianos. 2004.

— *El misterio del ser.* En: Marcel, Gabriel. *Obras selectas I.* Biblioteca de Autores Cristianos. 2002.

— *El mundo quebrado.* Losange. 1956.

— *En camino ¿hacia qué despertar?* Sígueme. 2012.

— *Filosofía para un tiempo de crisis.* Guadarrama. 1971.

— *Homo viator.* Sígueme. 2005.

— "Kierkegaard en mi pensamiento". En: Sartre, J. P. et al. *Kierkegaard vivo.* Alianza. 1968.

— *Los hombres contra lo humano.* Caparrós. 2001.

— *Posición y aproximaciones concretas al misterio ontológico.* UNAM. 1955.

---

[238] *Ibídem,* 82.

— *Ser y tener*. Caparrós. 2003.
— "The structure of hope". En: *Communio International Catholic Review*. Vol. 23, 3. Otoño de 1996.
Sartre, J. P. *El existencialismo es un humanismo*. Edhasa. 2009.
Urabayen Pérez, J. *El pensamiento antropológico de Gabriel Marcel: Un canto al ser humano*. EUNSA. 2001.
Villoro, L. "Prólogo". En: Marcel, Gabriel. *Posición y aproximaciones concretas al misterio ontológico*. UNAM. 1955.

EL AUTOR

Dr. José Luis Evangelista | Licenciado en Filosofía y Maestro en Humanidades por la Universidad Autónoma de Chihuahua, Doctor en Filosofía por la Universidad Iberoamericana de la Ciudad de México. Sus investigaciones de tesis han sido reconocidas con mención *Cum Laude* las dos primeras y con mención honorífica la tercera.

Su desempeño profesional incluye actividades de gestión en asociaciones civiles y docencia en niveles superior y posgrado. Profesor en la Universidad Autónoma de Chihuahua, imparte cátedras en la Facultad de Filosofía y Letras en la Licenciatura en Filosofía, en la Maestría en Humanidades y en el Doctorado en Educación, Artes y Humanidades. Forma parte de la Maestría en Investigación Humanística.

Su investigación y docencia se concentran en la metodología de la investigación documental, en especial en el área de humanidades y filosofía, así como en la reflexión ética-política y estudios de la cultura, especialmente sobre el tema del mal. Adicionalmente estudia el pensamiento del filósofo danés Søren Kierkegaard en relación con la modernidad. Forma parte de diversos espacios de estudio, como la Sociedad Iberoamericana de Estudios Kierkegaardianos AC y la Sociedad Académica Kierkegaard AC, además de ser parte del Grupo de Investigación Estudios Humanísticos de la Cultura.

COLECCIÓN ARTÍFICES

Colección que publica obras sobre estética, filosofía y artes en general, desde el punto de vista académico, pero con injerencias en otros ámbitos del quehacer humanístico. Inició con el libro Para una estética prudencial, del Dr. Juan Granados Valdéz, en 2019 en Querétaro.

Los textos de cada volumen serán obras originales de un solo autor (no necesariamente inéditas), así como recopilaciones o antologías de diferentes autores.

El enfoque es el debate abierto sobre artes, estética y filosofía, en particular, pero también pueden incluirse miradas sociológicas, epistémicas, hermeneutas y de otras disciplinas que cuestionen el estado actual de las cosas.

El coordinador es el Dr. Juan Granados Valdéz, de la Universidad Autónoma del Estado de Querétaro y el editor es el Mtro. Daniel Zetina, director de Infinita.

De acuerdo con nuestros tiempos y atendiendo a la pluralidad de los lectores, las ediciones podrán ser impresas o digitales, que estarán a la venta por diferentes canales o bien serán no venales y de libre distribución.

Historia
Sello fundado en enero 2019 en la Ciudad de México.

Misión
Ofrecer servicios editoriales integrales para escritores e instituciones, que se ajusten a sus perfiles y necesidades y materialicen sus potenciales.

Visión
Posicionarnos como una empresa líder en su ramo, ganando y dando prestigio a nuestros clientes en el mundo editorial.

Estilo
Lo que nos hace únicos es la personalización de los servicios enfocados en cada cliente, para que los lectores reciban un producto con calidad y belleza.

Contacto
Correo: infinitaeditorial@gmail.com
Facebook: www.facebook.com/Infinita-277143776291823/
Instagram: infinitaeditorial
Twitter: @infinitaeditor

INFI
NITA

Segunda edición en febrero de 2021,
en la ciudad de Querétaro, México,
con Arno Pro en 16, 13 y 11 puntos.
La edición fue desarrollada por Daniel Zetina,
bajo el cuidado editorial de Juan Granados Valdéz

9 798708 088253